기독교문서선교회(Christian Literature Center: 약칭 CLC)는 1941년 영국 콜체스터에서 켄 아담스에 의해 시작되었으며 국제 본부는 미국 필라델피아에 있습니다.
국제 CLC는 59개 나라에서 180개의 본부를 두고, 약 650여 명의 선교사들이 이동도서차량 40대를 이용하여 문서 보급에 힘쓰고 있으며 이메일 주문을 통해 130여 국으로 책을 공급하고 있습니다. 한국 CLC는 청교도적 복음주의 신학과 신앙 서적을 출판하는 문서선교기관으로서, 한 영혼이라도 구원되길 소망하면서 주님이 오시는 그날까지 최선을 다할 것입니다.

박 성 근 목사
남가주 새누리교회 담임

가장 필요한 때에, 가장 적절한 도전을 담고 있는 설교에 관한 책입니다. 각 시대마다 설교의 패턴이 다르고 청중의 필요가 다르다고 하지만, 설교의 핵심을 복음과 그리스도에 대한 변증으로 본 것은 대단히 중요한 안목입니다.

특별히 포스트모던 시대를 살고 있는 현대인들의 질문에 답하고, 성경적 진리를 제시하는 설교야말로 오늘 한국 강단에 꼭 필요한 요구입니다. 팀 켈러의 변증 설교를 정확하게 분석하고 그 실제적 원리를 제공해 준 것에 큰 감사를 드립니다. 저자의 폭넓은 연구와 탁월한 통찰력은 많은 설교자들에게 새로운 도전을 던지기에 충분합니다. 강단의 부흥을 꿈꾸는 모든 분들께 진심으로 추천합니다.

조 정 민 목사
베이직교회 담임

세상의 무신론과 범신론에 맞서야 하는 유일신론은 언제나 변증적입니다. 변증은 직관이나 경험에 의존하는 대신 사실과 로고스로부터 출발하는 변론입니다. 때문에 하나님의 기록된 말씀은 시종 변증적이며 모든 시대와 모든 세대를 향해 항상 변증적입니다. 팀 켈러는 이 시대 다원주의자들의 상대적 편견을 관통하는 성경적 변론가로서 그의 탁월함을 입증했습니다. 그의 설교와 목회는 그들이 하나님의 예수를 받아들이도록 함으로써 복음의 초월적 가치를 증거합니다.

팀 켈러의 변증 설교 열다섯 편을 분석해서 이 시대 설교자들에게 도움을 주고자 출간되는 『팀 켈러의 변증 설교: 질문에 대답하는 설교』는 바로 그 이유 때문에 설교자가 아니더라도 복음에 적대적인 환경에 무방비로 노출된 모든 믿음의 사람들이 꼼꼼히 읽어야 할 책입니다. 물론 들리는 설교를 해야 할 책임과 부담에 시달리는 설교자라면 누구건 숙독하기를 강권하게 되는 책입니다.

박 인 화 목사
뉴송교회(Dallas) 담임

작품의 뿌리는 작가입니다. 작가는 누구의 영향을 받는가에 의해 작품이 만들어집니다. 박용기 목사님은 성경과 성령을 받고 사는 작가입니다. 그 작가의 작품이 이번에 세상에 나오는 『팀 켈러의 변증 설교: 질문에 대답하는 설교』입니다. 이 책을 만나 진솔한 대화를 나누면 예수님의 설교를 닮게 될 것입니다.

특히 바울이 사용했던 변증 설교를 팀 켈러의 6가지 건강한 실천 요소들과 잘 접목하여 설명함으로 포스트모던 청중의 질문을 설교자로 어떻게 전달해야 하는지를 명쾌히 풀어주고 있습니다. 함께 하나님의 나라 확장을 위해 동역했던 박용기 목사님은 복음을 가슴에만 담아두는 분이 아닙니다. 설교를 삶으로 살아내며 삶에서 복음이 늘 생명으로 꿈틀거리게 하는 목회자입니다. 설교자에게 꼭 필요한 책으로 추천합니다.

류응렬 목사
와싱톤중앙장로교회 담임 / 고든콘웰신학교 객원교수

어느 때보다 기독교 변증이란 말이 절실한 시대입니다. 오늘날은 신자라 해도 복음을 소개하고 믿으라고 외쳐도 쉽게 믿어 주는 시대가 아닙니다. 본질적으로 기독교 설교란 변증이나 설명보다 진리의 선포 영역으로 이해되어 왔는데, 전혀 다른 시대 상황 속에 살아가는 현대인의 한 사람으로서 설교자의 고민이 시작됩니다.

이런 시대에 뉴욕 중심지에서 하나님의 말씀으로 젊은 지성인들에게 거대한 영적 바람을 일으키면서 기독교 강단에 구원 투수처럼 나타난 사람이 팀 켈러입니다. 그는 오늘날 시대정신을 알고 이 시대를 살아가는 사람의 마음을 공감하고 그들의 삶의 리듬에 파고드는 설교로 뉴욕을 넘어 전 세계 그리스도인의 가슴에 타협 없는 진리의 이정표를 세웠습니다.

팀 켈러는 이성이란 씨줄과 감성이란 날줄의 균형을 살려 머리와 가슴을 함께 터치할 때 비로소 변화라는 위대한 열매가 탄생한다는 것을 설교를 통해 보여 줍니다. 그의 설교는 고대 수사학자들이 주창한 수사학적 논거를 바탕으로 정교한 인간 이해와 현대인의 지성 속으로 스며드는 깊은 성경묵상으로 가득합니다. 타락 이후로 인류가 가지는 공통적 특징은 2천 년 전 바울이나 21세기 뉴욕에서 호흡하는 젊은이들이나 똑 같습니다. 그들 모두가 겪는 인생 문제의 유일한 해답이 예수 그리스도라는 것과 마찬가지입니다. 팀 켈러는 이 사실을 알았고 이 사실에 근거하여 진리의 봇물을 쏟아 놓습니다.

박용기 목사님은 이 책에서 팀 켈러의 설교를 변증 설교라는 시각으로 정교하게 해부했습니다. 성경에서 변증 설교의 유래와 기독교 역사에 나타난 변증에 대한 정교한 논의 후에 팀 켈러의 설교를 논했기에 변증 설교의 역사를 한 눈에 보게 합니다. 이 책은 팀 켈러의 설교에 대한 이해를 증폭시킬 뿐 아니라 설교자들은 이 시대에 접속되는 설교를 향한 고민과 하나의 해결책을 발견하고, 일반 성도들은 우리가 믿는 기독교의 가르침이 허공을 울리는 사변이 아니라 진리에 근거한 하나님의 가르침이라는 것을 깨닫게 될 것입니다.

최 병 락 목사
강남중앙침례교회 담임 / 『부족함: 은혜를 담는 그릇』의 저자

이 책을 읽는 내내 기뻤습니다. 마음으로 기다리던 책이 드디어 세상에 나왔기 때문입니다. 저는 몇 해 전 출판사의 부탁을 받고 팀 켈러의 책에 추천사를 쓴 적이 있습니다. 그때부터 줄곧 지금까지 켈러의 책을 읽어오고 있습니다. 어느새 한국의 목회자들이나 평신도는 켈러를 아느냐, 모르느냐, 또는 그의 책을 읽어 보았느냐 아니냐로 나뉠 정도로 많은 관심을 가지고 있습니다.

현대 문명과 무신론의 대명사로 불리는 맨해튼의 한가운데서 가장 복음적이며 영향력 있는 교회를 세운 켈러에 대한 관심은 어쩌면 당연한 문화적 현상일 것입니다. 가중되는 세속화와 급변하는 시대 앞에 이전에 없었던 새로운 사상들과 질문들이 쏟아져 나오며 기독교에게 해답을 요구하고 있습니다. 바쁜 도시의 현대 크리스천들에게 교회 안에서의 질문이 금기시되고, 회의하는 용기가 불신으로 취급되어지는 문화속에서 어쩌면 설교가 유일한 대안이 아닐까 생각합니다.

이런 시류 속에서 켈러의 변증 설교를 분석하고 탁월하게 집약하여 소개한 박용기 목사님의 책이 저의 마음을 기쁘게 하는 것은 당연할 것입니다. 책 속에 저자의 성실성과 진지함이 고스란히 담겨 있으며 더불어 이 세대 목회자들을 향한 저자의 바람을 박용기 목사님의 『팀 켈러의 변증 설교: 질문에 대답하는 설교』를 통해 호소하고 있습니다. 설교가 기존 신자들을 위한 기능만 감당한다면 선포의 기능으로 충분하겠지만 불신자들을 위한 복음의 핵심을 전달하는 기능을 함의한다면 반드시 변증 설교를 통한 설득의 과정을 거쳐야 할 것입니다.

이런 차원에서 본다면 켈러가 가장 모범적인 설교자이며, 그의 책을 이 변증적 차원에서 가장 잘 설명해 주는 책이 있다면, 단연 저자의 『팀 켈러의 변증 설교: 질문에 대답하는 설교』가 될 것입니다. 부디 이 책이 목회자들과 기독 지성인들의 손에 들려져 다시 교회로 영혼들이 돌이킬 수 있기를 바랍니다. 목회와 학문의 균형으로 이런 멋진 수작을 세상에 내어 놓은 저자의 성실성에 감탄하며 오늘도 진리를 찾아 길을 나선 세속 성자들에게 적극 추천합니다

이 인 호 목사
더사랑의교회 담임

포스트모더니즘 시대의 한복판을 통과하고 있는 지금, 세속주의의 거센 공격에 미처 대비하지 못한 교회가 '외면,' 또는 '타협' 사이에서 방황하는 사이, 점점 그 전선에서 밀

려나고 있습니다. 하루가 다르게 교회 밖은 세속화 되어가고, 성도들은 심각한 세속의 사상과 문화의 공격을 당하고 돌아오지만, 거대한 수도원같이 교회의 성벽 안에 갇혀 있는 많은 목회자들은 여전히 자신들이 기독교 번영 국가에서 목회하고 있는 줄 착각하고 있습니다.

그런면에서 볼 때, 이 시대의 문화와 사상의 최전선인 뉴욕의 한복판에서 뉴요커(New Yorker)들과 함께 소통하며 예리한 분석력으로 그들의 대중문화를 해석하고 복음으로 그들과 맞서며 설득해 내는 팀 켈러의 변증 설교는 오늘날의 목회자들에게 큰 귀감이 됩니다. 켈러에 대한 관심이 많아지고 많은 책들이 출간되는 지금, 변증 설교가로서의 켈러의 진면목을 소개해 주는 이 책은 우리로 하여금 켈러를 어떤 관점에서 보고 배워야 하는가를 정확하게 알려 줍니다.

특별히 '변증'의 개념을 역사와 문화, 그리고 성경적 근거의 거시적 안목으로 보게 하면서, 그것을 바탕으로 켈러의 변증 설교를 분석해 가는 저자의 치밀한 전개는 독자들로 하여금 그의 설교를 이해하는데 유익한 길라잡이가 될 것입니다. 그러나 박용기 목사님은 맹목적 찬사가 아닌 그의 설교의 약점과 한계점을 차분한 어조로 풀어 내며, 그의 장점을 어떻게 오늘 우리의 목회 현장에 접합시킬 수 있을까에 대한 통찰을 줍니다. 한 시대에 하나님이 쓰시는 귀한 설교자를 배우되, 보다 균형 잡힌 시각으로 그를 이해하고 배우도록 도와주는 이 책은 세속주의의 한복판에 서 있는 모든 목회자, 그리고 평신도 지도자들이 반드시 읽어야 하는 필독서입니다.

허 연 행 목사
프라미스교회(New York) 담임

홍수가 나면 정작 마실 물이 귀하듯이, 절대 진리가 부정되고 상대화되고 마는 포스트모던 풍조 속에서 사람들은 역설적으로 더욱 진리에 목말라하고 있습니다. 이러한 절박한 시기에 우리 시대 최고의 설교가 중 한 분으로 인정받는 팀 켈러의 설교에 대한 책이 젊은 이민 목회자인 박용기 목사님에 의해 쓰여졌다는 것이 너무 감사합니다.

켈러는 베를린 장벽이 무너진 해인 1989년 세계의 수도인 뉴욕 맨해튼에 교회를 개척해서 재작년 은퇴하기 직전까지 약 30년 동안 리디머처치의 설교자로 섬기면서 미국인들은 물론 아시안계 미국인 젊은이들에게 상당한 영향력을 끼쳐 왔습니다. 복음, 도시, 현대, 문화, 일과 영성 등에 대해 깊은 이해와 성찰이 배어 있는 켈러의 설교에 관한 이 책이 기독교의 전통적 가치 마저 뿌리채 흔드는 '포스트크리스천' 시대에 한국교회의 리더들과 성도들에게 신선한 돌파구(Breakthrough)가 되리라 확신하며 이 책을 추천합니다.

권 혁 빈 목사
씨드교회(Orange County, CA) 담임 / 캠브리지대학교 종교철학 박사

포스트모던 시대는 느낌이나 감정에 호소하는 시기이기도 하지만, 이성과 합리성이 극대화된 모던 시대의 연장이기도 합니다. 그러한 시대정신과 호흡을 같이하며 청중의 질문과 가치를 존중하고 있습니다. 또한 그 한계를 지적하고 도전하며 복음 안에 있는 해답을 제시하는 팀 켈러의 설교는 이 시대의 갈증을 이해하고 해소해 주는 소중한 영적 자산입니다.

이 책은 변증 설교와 이 시대의 가장 탁월한 변증 설교가인 켈러의 설교를 성실하게 연구하고 곱씹어서 우리에게 전달해 줍니다. 변증 설교의 성경적, 신학적, 교회사적 당위성을 제시함과 동시에 켈러의 설교를 예리하게 분석하고 평가함으로써 오늘날 설교자들에게 있어 간과해서는 안 될 중요한 가치와 요소들을 다시 한번 확인해 줍니다.

저자는 좋은 목회적 소양을 바탕으로 항상 꾸준한 탐구와 깊은 영성으로 주어진 사명을 신실하게 감당하시는 분입니다. 그의 지적 성실함과 목회 현장에 근거한 복음적이고 실용적인 제안들, 그리고 설교에 대한 전문성과 열정이 고스란히 담겨진 좋은 저서를 만나게 되어 참 반갑고 기쁩니다. 좋은 설교자를 꿈꾸는 신학생, 설교자 그리고 변증 설교에 관심 있는 모든 분들에게 적극 추천합니다.

손 상 원 박사
싸우스웨스턴침례신학교 신약학 교수

이 책은 변증 설교가 무엇인지, 변증 설교를 왜 해야 하는지를 성서적 근거를 들어 설명하고, 변증 설교의 대표적 인물인 팀 켈러의 설교를 분석함으로 변증 설교의 핵심 원리와 구체적인 방법을 제시해 줍니다. 켈러의 변증 설교는 성경에 기록된 예수님과 사도들의 가르침, 혹은 설교의 배경과 동기를 살펴보면 많은 경우 사람들의 질문에 대한 답변, 혹은 도전에 대한 변호로 시작하는 것을 볼 수 있습니다. 오늘날도 많은 사람들이 기독교 신앙에 대하여 질문을 던집니다. 그리고 종종 강한 거부감을 가지고 기독교 신앙을 도전합니다. 그러므로 설교자는 이러한 질문에 대해 성경적 해답을 제공하고 이들이 도전하고 있는 성경적 진리를 변증 설교를 통해 변호해야 합니다.

설교는 진리를 선포하는 것입니다. 하지만 설교가 일방통행이 되어서는 안 될 것입니다. 설교를 준비하고 선포하는 과정 속에는 항상 청중이 있어야 하고, 그들과 끊임없는 대화가 이루어져야 합니다. 그리고 그들이 가지고 있는 질문과 도전에 성서적 해답을 제

공함으로써 그들을 설득하고 성령께서 그들의 마음을 움직이도록 간구해야 합니다. 이런 측면에서 모든 설교는 변증적 요소를 가지고 있습니다. 설교의 이러한 역할을 인정하고 자신의 설교가 청중들의 질문에 해답을 주는 변증 설교가 되기를 원하는 분들에게 이 책은 매우 유익한 지침서가 되리라 생각합니다.

박 요셉 목사
코너스톤커뮤니티교회(실리콘밸리, CA) 담임 / 싸우스웨스턴침례신학교 설교학 박사

세상에 매주 수많은 설교들이 쏟아져 나오지만 세상 사람들은 그 말씀이 들리지 않습니다. 그런 가운데 세상의 한복판에서 현대 젊은이들에게 엄청난 영향을 미치고 있는 설교자가 있습니다. 그가 바로 뉴욕에서 20여 년 넘게 목회를 한 리디머교회의 팀 켈러입니다. 켈러는 21세기 C. S. 루이스라고 불리울 만큼 아주 명석한 이성을 가진 동시에 뜨거운 복음에 대한 열정을 겸비한 설교가입니다.

전 세계의 많은 크리스천 설교자들이 켈러의 변증 설교를 본받고자 노력을 하고 있습니다. 그러나 켈러의 탁월하고 영감있는 변증 설교의 원리들을 이해하고 그것을 창조적으로 적용한다는 것은 결코 쉬운 일이 아닙니다. 그럼에도 불구하고 박용기 목사님은 그림으로 쉽게 쓴 요리책처럼 켈러의 변증 설교의 원리들과 비밀 소스들까지 풀어서 보여주고 있습니다.

우선은 다소 생소할 수 있는 그리스-로마의 수사학적, 혹은 변증학적 원리들을 현대어로 풀어 줍니다. 그리고 그 변증학의 원리들을 바탕으로 켈레가 현대 뉴욕에 살고 있는 젊은이들의 삶의 질문들에 어떻게 효과적으로 답을 해줄 수 있었는지 그 노하우(Know-how)를 소개합니다. 무엇보다 이 책의 핵심 부분에서 켈러의 변증 설교를 위한 6가지 건강한 실천 요소들이 어떻게 켈러의 설교에 구체적으로 묻어 나왔는지를 설교 실재를 분석함을 통하여 독자들의 쉬운 이해를 돕고 있습니다.

박용기 목사님의 저서의 가장 큰 장점은 성경과 세상의 대화 방법으로써 변증 설교의 강점들을 강조한 것입니다. 박 목사님은 싸우스웨스턴침례신학대학원의 설교 학풍인 본문 중심의 설교(Text-driven preaching)를 업그레이드하여 변증 설교가인 켈러의 설교와 접목시켰습니다. 이제는 성경을 설명하고 선포하는 식의 설교에서 발전하여, 현대의 청중들의 귀에 쏙쏙 들어오는 설득의 설교를 하기 원하는 모든 설교자들에게 이 책을 강력히 추천하는 바입니다.

팀 켈러의 변증 설교
질문에 대답하는 설교

Tim Keller's Apologetic Preaching: Answering preaching to Question.
Written by Younggi Park
All rights reserved.
Korean Edition Copyright ⓒ 2019, 2023 by Christian Literature Center, Seoul, Korea

팀 켈러의 변증 설교
질문에 대답하는 설교

2019년 7월 20일 초판 1쇄 발행
2023년 6월 30일 개정증보판 2쇄 발행

| 지은이 | 박용기 |

펴낸곳	(사)기독교문서선교회
등록	제16-25호(1980.1.18)
주소	서울특별시 동대문구 천호대로71길 39
전화	02-586-8761~3(본사) 031-942-8761(영업부)
팩스	02-523-0131(본사) 031-942-8763(영업부)
이메일	clckor@gmail.com
홈페이지	www.clcbook.com
송금계좌	기업은행 073-000308-04-020 (사)기독교문서선교회

ISBN 978-89-341-2029-2(93230)

이 책의 저작권은 저자와 (사)기독교문서선교회가 소유합니다.
신저작권법에 의하여 한국 내에서 보호받는 저작물이므로 무단 전재와 무단 복제를 금합니다.

개정증보판

팀켈러의
변증
설교

켈러의 설교
15편
분석

박용기 지음

Tim
Keller's
Apologetic
Preaching

Answering
Preaching to
Question

CLC

목차

추천사

박성근 목사 | 남가주 새누리교회 담임
조정민 목사 | 베이직교회 담임
박인화 목사 | 뉴송교회(Dallas) 담임
류응렬 목사 | 와싱톤중앙장로교회 담임 / 고든콘웰신학교 객원교수
최병락 목사 | 강남중앙침례교회 담임 / 『부족함: 은혜를 담는 그릇』의 저자
이인호 목사 | 더사랑의교회 담임
허연행 목사 | 프라미스교회(New York) 담임
권혁빈 목사 | 씨드교회(Orange County, CA) 담임 / 캠브리지대학교 종교철학 박사
손상원 박사 | 싸우스웨스턴침례신학교신약학 교수
박요셉 목사 | 코너스톤커뮤니티교회(실리콘밸리, CA) 담임 / 싸우스웨스턴침례신학교 설교학 박사

표차례

저자 서문   15

서론: 포스트모던 세대에 필요한 설교   18
1. 의심하는 세대   18
2. 대답하는 설교자   20

제1장 "변증 설교"의 성경적 근거   27
1. 변증 설교   27
2. 법적 변증 설교   35
   1) 바울의 변증 설교(행 22:1-21)   36
   2) 벨릭스 총독 앞에서 변증(행 24:10-21)   45

CONTENTS

　　3) 아그립바 왕 앞에서 변증(행 26:1-29) ... 50
　3. "변증"의 의미 ... 51
　　1) 박해자들 앞에서 변증(눅 12:11) ... 52
　　2) 양심의 변증(롬 2:15) ... 55
　　3) 교회 내 비판자들에 대한 변증(고전 9:3; 고후 12:19) ... 58
　　4) 신자들이 거짓 가르침에 대항해서 변증(고후 7:11) ... 60
　　5) 로마 시위대 구금상태에서 변증(빌 1:7) ... 62
　　6) 질문에 대답하는 변증(벧전 3:15) ... 63

제2장 변증 설교의 역사성 ... 65

1. 수사 비평 ... 65
2. 그리스-로마 수사학 ... 69
3. 변증 설교자 ... 72
　1) 어거스틴 ... 72
　2) 토마스 아퀴나스 ... 76
　3) 존 칼빈 ... 78

제3장 켈러의 변증 설교 분석 ... 81

1. 21세기 변증 설교자 팀 켈러 ... 81
2. 켈러의 변증 설교를 위한 6가지 건강한 실천 요소들 ... 83
　1) 사용 가능한 단어를 사용하라 ... 86
　2) 청중이 권위를 두는 가치를 존중하라 ... 87
　3) 의심과 반대를 이해하라 ... 88

4) 문화 담론의 기준선을 도전하라　　　　　　　　　89
　5) 복음으로 문화의 압박점을 제압하라　　　　　　　91
　6) 복음의 삶으로 초대하라　　　　　　　　　　　　93
3. "공개적 믿음" 설교 분석　　　　　　　　　　　　　94
　1) 청중에게 잘 설명된 단어　　　　　　　　　　　　96
　2) 청중이 권위를 두는 가치를 존중함　　　　　　　　99
　3) 청중이 갖는 의심과 반대　　　　　　　　　　　　103
　4) 문화 담론의 기준선에 대한 도전　　　　　　　　106
　5) 복음으로 문화 압박점을 제압하라　　　　　　　111
　6) 복음의 삶으로 초대　　　　　　　　　　　　　　115
4. "기독교의 문제: 왜 그렇게 믿기 힘든가?" 설교 분석　119
　1) 배타성: 왜 기독교만이 유일한 구원의 종교인가?　122
　2) 고통: 만약 하나님이 선하시면,
　　　　　왜 세상에는 그렇게 많은 악이 존재하는가?　130
　3) 불의: 기독교는 가난한 자를 억압하는 도구였다　137
　4) 지옥: 기독교의 하나님은 화난 심판주가 아닌가?　147
　5) 문자주의: 성경은 역사적 신뢰성이 없고 퇴보해 가는 책이 아닌가요?　157
5. "우리가 믿는 것: 기초들" 설교 분석　　　　　　　166
　1) 성경과 역사　　　　　　　　　　　　　　　　　166
　2) 성경과 경험　　　　　　　　　　　　　　　　　177

제4장 켈러의 변증 설교의 평가   186
1. 켈러 설교의 특징   186
    1) 청중의 질문을 중심으로 본문을 주해   186
    2) 설교 개요를 서두에서 밝히는 설교   187
    3) 청중이 신뢰하는 자료 사용   190
    4) 문화 변혁자   194
    5) 그리스도의 십자가로 대답하는 설교   196
    6) 복음과 은혜 중심적 설교   198
    7) 복음과 종교를 구분하는 설교   201
    8) 상대주의 방법 사용   202
    9) 문화를 강화하고 본문을 약화시키는 설교   202
    10) 심판을 약화시키는 설교   202
    11) 대중적이면서 대중적이지 못한 설교   207
    12) 상업성   210
    13) 십자가의 고통과 삼위일체 본성에 대한 신학적 균형 필요   211

결론   213
1. 오늘의 청중   213
2. 하나님의 말씀   214
3. 성령의 능력   215

참고 문헌   220

표 차례

제1장 변증 설교의 성경적 근거

<표 1> 바울의 변증 설교를 보여 주는 재판 3회	29
<표 2> '6가지 건강한 실천 요소들'로 변증 설교(행 22:1-21) 분석	44
<표 3> 퀸틸리안의 수사학으로 본 '바울의 변증 설교'	49
<표 4> 신약성경에 나타나는 '변증' 18회	52

제2장 변증 설교의 역사성

<표 5> 고대 수사의 종류	68
<표 6> 퀸틸리안 수사 연설 흐름	71

제3장 켈러의 변증 설교 분석

<표 7> 변증 설교를 위한 '6가지 건강한 실천 요소들'	84
<표 8> 켈러의 메타 아웃라인	85

켈러의 설교 목록

<표 9> 공개적 믿음	95
<표 10> 기독교의 문제: 왜 그렇게 믿기 힘든가?	120
<표 11> 우리가 믿는 기초들	166

저자 서문

박 용 기 목사
텍사스 샌앤젤로한인침례교회 담임

이 책은 "팀 켈러의 설교 분석"과 성경적 "변증 설교"에 관한 책입니다. 책 후반부에서 팀 켈러의 설교를 분석했습니다. 켈러의 설교가 궁금한 분들은 제3장 '켈러의 변증 설교 분석' 부터 먼저 읽으셔도 됩니다. '21세기의 C. S 루이스'로 불리는 팀 켈러는 복음의 불모지 뉴욕 맨해튼에서 포스트모던 청중의 가슴과 머리에 설교하여 수많은 젊은이들이 예수님께 헌신하도록 인도한 탁월한 변증 설교자입니다.

이 책은 켈러가 메시지를 전달할 때 사용한 비밀 재료들이 무엇이며, 어떻게 본문과 연관성 있게 적용했는지 알 수 있게 합니다.

책 전반부는 성경적 '변증 설교'가 무엇인지를 소개했습니다. 필자는 사도행전 22장, 24장, 26장에 나타나는 바울의 법정 변증 연설이 '변증 설교'임을 발견 했습니다. '변증 설교'에 대한 논의를 불러일으키는 발화점이 되기를 바랍니다. 바울의 '변증 설교' 본문에서 사용된 수사법과 논리 전개 방식을 밝혔습니다.

최근 3년 사이에 켈러의 책들이 한국에서도 큰 인기를 끌고 있습니다.

켈러는 뉴욕 맨해튼에서 지성적 설교로 기독교 진리에 회의적인 구도자들에게 효과적으로 복음을 전했습니다. 한국은 세계 어느 나라보다 대학 교육을 받은 국민들이 많은 나라이며, 교육열이 높은 나라입니다. 한국교회의 지적 호기심과 목회자들의 지적 욕구가 켈러의 책에 큰 관심을 보이는 것이라고 생각합니다.

켈러의 설교는 어렵습니다. 켈러가 사용하는 예화들은 뉴욕 맨해튼 전문직 종사자들에게 맞추어진 것으로 한국 사회에 그대로 적용한다면 지나치게 어렵거나 따분하게 느껴질 것입니다. 켈러의 설교를 먼저 충분히 소화해야 합니다. 그가 본문과 연관성 있는 어떤 자료들을 사용했는지, 어떻게 그 자료들을 사용해서 청중의 의심과 질문에 대답했는지를 볼 수 있어야 합니다.

이 책을 통해서 켈러의 설교 방법론을 자세하게 볼 수 있을 것입니다. 2016년 6월 팀 켈러의 『설교』(*Preaching*)가 출간되었습니다. 켈러는 그의 책에서 포스트모던 시대에 효과적인 변증 설교를 위한 '6가지 건강한 실천적 요소들'을 제시했습니다. 이러한 요소들을 사용해서 켈러의 설교 15편을 분석하게 되었습니다.

추천사를 써주신 분들께 감사드립니다. 한국교회 10대 설교가로 꼽히시는 남가주 새누리교회 박성근 목사님, 세상 'Bad News'를 전하다가, 하나님 나라 'Good News'를 전하는 이 시대에 하나님의 '마우스피스' 조정민 목사님, 21세기 청중의 귀를 여는 설교의 모범을 보여 주신 달라스 뉴송교회 박인화 목사님, 바울 신학의 대가이신 싸우스웨스턴신학교 신약학 교수 손상원 박사님, 성경적 설교자의 모델을 보여 주시는 와싱톤중앙장로교회 류응렬 목사님, 하와이 화산사건을 통해서 죽음을 직면한 후 대형 교회를 내려놓고 씨드교회를 개척하신 권혁빈 목사님, 뉴욕 프라미스 항공모함호의 새로운 선장으로 4-14 운동을 주도하시는 허연행 목사님, 켈러처럼 '복음,' '은혜'를 줄기차게 설교하는 더사랑의교회 이인호 목사님, 한국교회에 새로운 부흥의 바람을 일으키는 강남중앙침례교회 최병락 목사님, 페이스북·구글에서 일하는 실리콘밸리 청중에게 탁월하게 복음을 전하시는 코너스톤커뮤니티교회 박요셉 목사님에게 감사의 마음을 전합니다. 원고를 꼼꼼이 읽고 교정해 주시며 좋은 의견을 주신 최동명 목사님, 최기혁 목사님, 정종근 목사님, 최종식 목사님, 장광신 님, 박주필 님께 감사드립니다.

이 책은 목회학 박사학위 논문을 새롭게 편집하여 출판하는 것입니다. 논문 지도 교수님인 조동선 교수님과 초안에 도움을 주신 김인허 교수님께 감사드립니다. 학문적으로 탁월할 뿐만 아니라, 인격적으로 훌륭한 두 교수님을 만나는 것은 저에게 큰 축복이었습니다.

늘 할 수 있다고 격려해 주고 글을 쓸 수 있도록 배려해 준 아내 이숙연에게 감사합니다. "아빠, 오늘은 몇 장 썼어?"라며 관심과 응원을 보내준 두 아들 하엘, 주엘에게 고마움을 전합니다. 양가 부모님의 기도와 후원에 감사드리며, 새벽마다 기도로 동역해 주신 부친 박기철 장로님과 특별히 성실한 삶과 믿음의 모범을 보여 주신 장인 故 이한수 장로님께 감사드립니다.

출판을 위해서 함께 기도해 주신 샌앤젤로한인침례교회 성도님들에게 감사드립니다. 재능기부로 창의적인 표지 디자인을 해주신 디자인 사갓 주성수 대표님에게 감사드립니다. 끝으로 본서의 출간을 허락해 주신 기독교문서선교회(CLC) 대표 박영호 목사님과 논문이 책으로 출판되는 과정에서 편집으로 수고해 주신 구부회 목사님, 디자이너 노수경 님, 박성준 님, 좋은 제목을 제안해 주신 이경옥 실장님과 임직원 분들에게 감사드립니다.

2019년 5월 12일
텍사스 샌앤젤로 목양실에서

서 론

포스트모던 세대에 필요한 변증 설교

1. 의심하는 세대

젊은 세대가 교회를 탈출하고 있다. 한국 갤럽이 2014년 발표한 자료에 의하면 '2030세대의 탈종교' 현상이 뚜렷하다. 2015년을 기준으로 최근 10년 동안 20대에서 종교인 비율은 45%에서 31%로 급감했다.[1] 라이프웨이 연구소(LifeWay Research) 2007년 자료에 따르면, 미국에서 고등학교 때까지 정기적으로 교회에 출석하던 학생들 중 70%가 대학 입학 후, 교회를 더 이상 출석하지 않는다.

젊은 세대가 이처럼 빠르게 교회를 탈출하는 원인은 무엇일까?

크레이그 로스칼조(Craig A. Loscalzo) 목사는 포스트모던 세대를 "나는 의심한다. 그러므로 나는 존재한다"라고 부른다.[2] 포스트모던 세대는 절대 진리를 의심(doubt)한다. 그들은 예수 그리스도를 통한 구원의 유일성, 성경의

---

1 조현, "젊은층 이탈로 '종교 인구' 비율 줄어," 「한겨레」, 2015. 2.12.

2 Craig A. Loscalzo, *Apologetic Preaching: Proclaiming Christ to a Postmodern World* (Downers Grove: IVP Academic, 2000), 19.

절대 진리성에 대해서 의심하며 질문을 가지고 있다.

바나 그룹(Barna Group)이 미국 청년들을 대상으로 하는 설문 조사에서는 18세에서 29세 사이의 청년 중 33%가 교회를 떠나는 이유로 '의심하는 사람들을 환영하지 않는 태도'를 꼽았다. 3분의 1 이상이 가장 고민하는 문제를 교회 지도자들에게 물어보기 힘들다고 했고, 23%가 자신의 신앙에 대해 '상당한 지적 의구심'을 가지고 있다고 응답했다.[3]

써던침례신학교(Southern Baptist Theological Seminary) 총장인 알버트 몰러(Albert Mohler)는 오늘날 설교자들은 매우 중요한 변곡점에 서 있다고 다음과 같이 말했다.

> 설교의 사명이 변증적 소명임을 반드시 이해해야 한다.
> (The task of preaching must be understood as an apologetic calling).[4]

몰러는 근대 사회에서 후기 근대 사회로 넘어가면서 설교자들이 변증적 소명을 인식해야 한다고 지적한다. 설교의 '변증적 소명'이란 포스트모던 시대 청중이 가진 의심과 질문에 대답하는 설교를 의미한다. 청중의 질문에 대답하는 설교가 바로 변증 설교이다.

'변증'은 헬라어로 '아폴로기아'(ἀπολογία)이다. "너희 속에 있는 소망에 관한 이유를 묻는 자에게는 '대답할 것'(ἀπολογία, give to an answer)을 항상 준비"(벧전 3:15)하라고 베드로 사도는 명령한다. 설교자는 청중이 던지는 질문에 대해서 하나님의 말씀으로 답을 주는 설교를 해야 한다. 바울은 "복음을 '변증'하기 위하여 세우심"(빌 1:7)을 받았다고 고백했다. 바울이 '변증'

---

[3] 권나라, "청년들이 교회 떠나는 6가지 이유," 「크리스천투데이」, 2011.10.4.

[4] R. Albert Mohler Jr., *He is not Silent: Preaching in a Postmodren World* (Chicago: Moody Publishers, 2008), 123.

을 위해서 부르심을 받았다는 것은 그의 평생의 사역이 복음을 변증하는 사역임을 의미한다.

2. 대답하는 설교자

포스트모던 세대는 의심과 질문을 가지고 있다. 설교자는 이 시대의 질문에 대답해야 한다. 미국 남침례교신학교들은 포스트모던 세대에서 복음을 전하기 위해서 발 빠르게 움직였다. 써던침례신학교는 2015년 변증목회학 박사(D. Min. in Applied Apologetics) 과정을 개설하였다. 테드 카발(Ted Cabal) 변증학 교수는 다음과 같이 말했다.

> 그 누구도 주님의 대 사명인 복음 전파를 변증 없이 순종할 수 없다.
> (No one obeys our Lord's Great Commission to evangelize without apologetics).[5]

2014년 4월 싸우스웨스턴침례신학교(Southwestern Baptist Theological Seminary) 이사회는 45학점 과정 기독교 변증학 석사(A 45-hour Master of Arts in Christian Apologetics) 과정을 인가했다.[6] 이미 13년 전부터 뉴올리언즈침례신학교(New Orleans Baptist Theological Seminary)에서는 목회학 석사 과정(Master of Divinity)에 기독교 변증학 전공 과정을 개설하였다.[7]

2007년 남침례교 국내선교부(The North American Mission Board)에서는 북미

---

[5] RuthAnne Irvin, "SBTS adds apologetics doctorates," *Baptist Press*, 6 Mar, 2015.

[6] Keith Collier, "New apologetics degree approved at SWBTS," *Baptist Press*, 12 Apr, 2014.

[7] Gary D. Myers, "$18.3M budget for NOBTS, new M.Div. track approved by trustees," *Baptist Press*, 20 Apr, 2005.

에 만연해 있는 반기독교적 문화 속에서 복음을 전할 수 있는 500명의 새로운 변증 교사들(New apologetics instructors)을 양성하는 정책을 만들었다. 남침례교 국내선교부에 따르면 기독교 변증은 '불신자들을 위한 대답'(Answer questions for unbelievers)과 동시에 교회 안에 있는 '신자에게 자신감을 주고, 신자들을 더욱 증인으로 만든다'(Give believers more confidence and make them better witnesses)라고 했다.[8]

이처럼 남침례교신학교들이 기독교 변증학을 독립된 학위 과정으로 개설한 배경은 포스트모던 문화에서 자라난 젊은 세대에게 복음을 효과적으로 전하기 위해서다. 신학생들과 목회자들은 포스트모던 세대가 던지는 질문에 대답하기 위해서는 기독교 변증을 배워야 한다.

북미 남침례교회 지도자들은 이미 1970년대부터 기독교 변증의 선구자적 역할을 했다. 당시 북미의 신학은 유럽의 영향을 받아 성경을 하나님의 말씀으로 온전하게 믿지 못하는 시대였다. 지금으로부터 불과 40년 전, 1979년도만 해도 보수적 교단인 미남침례신학교 교수들 중 20%만이 성경의 무오성(Biblical Inerrancy)을 믿었다고 주장하기도 한다.[9]

이러한 때 전 싸우스웨스턴신학교 총장, 패이지 패터슨(Paige Patterson)과 당시 미국 남침례교 총회장(Southern Baptist Convention President) 에드리안 로저스(Adrian Rogers)는 함께 성경 무오성(Biblical Inerrancy)을 확고히 변증했다. 이러한 변증을 통해서 남침례교단에서는 1999년 성경을 오류가 없는 하나님의 말씀으로 인정하는 '침례교 신앙과 메시지'(Baptist Faith and Message)가

---

8   Lillian Kwon, "Southern Baptists Step Up Christian Defense with Apologetics," *The Christian Post*, 26 Oct, 2007.

9   당시 북미에 자유주의 신학의 바람이 거세게 불어닥쳐 남침례교신학교들도 그 영향을 받은 것은 사실이다. 그러나 당시 남침례교 교수 중 "20%만이 성경의 무오성"을 믿었다는 패터슨 박사의 발언이 매우 과장되고 평생을 신실하게 성경을 가르치고 주님을 섬긴 교수들을 단편적 기준에 의해서 함부로 자유주의자로 낙인 찍는 것이라는 평가도 공존한다.

선포되었다.

이 신앙고백에 따라서 현재 미국 남침례교의 6개 신학교 교수 약 350명은 모두 성경 무오성을 인정하고 있다. 패터슨 총장은 '신앙과 메시지'를 발표할 때가 "남침례교단 역사에서 나의 가장 최고의 순간"(My favorite moment in all Southern Baptist history)이었다고 고백했다.[10]

패터슨 총장은 성경의 절대 권위를 인정하는 '침례교 신앙과 메시지'의 선포로 성경 신학이 깊어지게 되면서 본문이 이끄는 설교(Text Driven Preaching)가 싸우스웨스턴침례신학교의 새로운 설교 형태로 태동하게 되었다고 평가했다.[11]

최근 한국에서도 본문이 이끄는 설교가 교파를 초월해서 광범위하게 소개되고 있다. 본문이 이끄는 설교의 핵심은 성경 본문이 말씀하는 것을 선포하는 것이다. 이러한 설교철학은 1970년대 성경 무오성을 확고하게 변증한 결과이다.

한국교회도 미국 남침례교단이 기독교 변증학을 육성하는 것을 배워야 한다. 한국도 미국과 비슷한 상황이기 때문이다. 한국 신학교들은 기독교 변증학을 아직까지 종교철학에 종속된 학문으로 남겨두고 있다. 한국교회도 21세기 의심하고 질문하는 세대에게 복음을 효과적으로 전하기 위해서는 기독교 변증을 권장해야 한다.

포스트모던 시대는 설교자들에게 변증 설교를 요구하고 있다. 모든 설교는 예수 그리스도를 근본적 해답으로 선포하기 때문에 변증 설교로 볼 수 있다. 그러나 변증 설교란 설교자가 설교 가운데 포스트모던 시대 청중이

---

[10] Paige Patterson, "Consequences of Revolution: The Conservative Resurgence in the SBC," *Interational Society of Christian Apologetics*, 10 Apr., 2015. https://www.youtube.com/watch?v=EBWeK0oBAYs ,2015.9.18. 접속.

[11] 위 강연.

던지는 질문을 언급하고 성경으로서 그 질문에 대답하는 설교이다. 변증 설교란 먼저 청중이 가진 질문을 긍정한 후, 그 질문이 가진 한계와 모순을 그들의 가치관을 통해서 보여 주고, 궁극적 해답으로 예수 그리스도를 선포하는 설교이다. 제1장 "'변증 설교'의 성경적 근거"에서는 이러한 변증 설교 패턴을 보여 줄 것이다

존 스토트(John Stott) 목사는 '성경적 설교자'를 다음과 같이 정의한다. 먼저는 성경 본문을 당시 언어적, 역사적, 문화적 배경 속에서 찾는 것이고, 다음으로 본문에서 찾은 진리를 '민감하게 현대 사회'(Sensitivity to the modern world)에 적용하는 것이라고 했다.[12]

팀 켈러(Timothy Keller)[13]는 좋은 설교(Good preaching)란 1차적으로 본문을 그리스도 중심적으로 이해하는 것이고, 2차적으로 본문의 말씀을 청중의 상황 속에서 이해할 수 있게 설명함으로 '청중의 마음과 삶에'(To the heart and life of listener)[14] 말씀을 전달하는 것이라고 했다. 그는 설교는 혼자 말하기(Monologue)가 아니라 활발한 토의(Interactive discussion)처럼 설교자와 청중들이 의사소통을 해야 한다고 주장한다.[15]

설교는 선포이기 때문에 주일 예배 시간에 켈러가 언급한 것처럼 '활발한 토의' 형식으로 설교할 수는 없다. 켈러가 말하는 '활발한 토의'처럼 설교하라는 것은 설교자가 설교 준비 과정에서부터 청중의 질문을 파악하고, 설교 가운데 청중의 입장에서 질문을 던지고 성경으로 대답을 하는 과정을

---

[12] John Stott, "A Defintion of Biblical Praching," *The Art and Craft of Biblical Preaching: A Comprehensive Resource for Today's Communicators,* eds. Haddon Robinson and Craig Brian Larson (Grand Rapid: Zondervan, 2005), 27.

[13] 제3장 1. "21세기 변증 설교자 팀 켈러"를 참조하라.

[14] Timothy Keller, *Preaching: Communication Faith in an Age of Skepticsm* (New York: Viking, 2015), 16.

[15] 위의 책, 95.

포함하는 설교를 의미한다. 해돈 로빈슨(Haddon Robinson)은 강력한 성경적 설교는 반드시 '이중 초점'(Bifocal)이 되어야 한다면서 다음과 같이 말했다.

> 설교자는 청중의 관심과 질문들에 대해서 심사숙고(Reflect the concerns and questions of the listener)[16]하여 성경 본문을 통하여 답을 주어야 한다.

존 스토트, 팀 켈러, 그리고 해돈 로빈슨은 공통적으로 설교는 '성경의 진리'를 '오늘날의 청중에게 적용'하는 것이라고 했다. 변증 설교 역시 '성경의 진리'를 '오늘날의 청중'에게 효과적으로 전달하는 것으로, 목회자가 포스트모던 청중의 질문을 설교 가운데 언급하고 성경으로 그 질문에 해답을 제시하는 것이다.

변증 설교가 청중의 질문에 대답하는 것만을 의미하는 것은 아니다. 변증 설교는 신자들의 믿음을 강화해 주는 역할을 한다. 로스칼조(Craig A. Loscalzo)는 기독교 변증의 목적 중 하나로 '기존 신자에게 기독교 믿음을 확신할 수 있도록 교육하는 것'이라고 했다.[17] 변증 설교는 신자가 믿음의 내용을 이해하고 굳게 믿을 수 있도록 도와줌으로써 잘못된 이단의 가르침으로부터 자신을 보호할 수 있도록 돕는 설교이다.

최근 한국교회는 잘못된 교리를 가르치는 신천지에 수많은 기독교인이 미혹되었다. CBS(Christian Broadcasting System)와 「국민일보」가 2013년부터 지속해서 '신천지 OUT' 캠페인을 대대적으로 벌이고 있음에도 불구하고 신천지는 계속 성장하고 있다. 신천지 언론지로 알려진 「천지일보」에 따르면

16　Haddon Robinson, "My Theology of Homiletics," *The Art and Craft of Biblical Preaching: A Comprehensive Resource for Today's Communicators,* eds. Haddon Robinson and Craig Brian Larson (Grand Rapid: Zondervan, 2005), 59.

17　Craig A. Loscalzo, *Apologetic Preaching* (IVP Academic, 2000), 26.

2014년 1월 기준 신도 수는 122,826명이다.[18] 2019년 현재 신천지의 신도수는 144,000명이 넘은 것으로 파악된다.

그렇다면 왜 수많은 기독교인이 신천지에 빠지고 있는가?

설교학적 측면에서 보면, 한국교회 설교자가 성도에게 믿음의 내용, 즉 복음의 교리를 올바로 설교하지 못했기 때문이다. 어떤 교회들은 교회 출입구에 "신천지 출입 금지"라는 표지판을 세워 두기도 한다. 피해가 얼마나 심각하면 그러한 표지판을 교회 입구에 세우는지 이해가 되기도 하지만, 동시에 이것은 한국교회의 부끄러운 현실을 보여 주는 것기도 한다. 신천지 같이 잘못된 교리를 가르치는 집단이 교회에 침투하는 것을 막는 근본적 해결책은 '출입금지' 표지판을 교회 입구에 세워 두는 것이 아니라 신자에게 성경 교리와 복음에 대해 바르게 변증하고 설교하고 가르치는 것이다.

탈봇신학교 변증학 교수 J. P. 모어랜드(J. P. Moreland)는 미국 제1차(1740), 제2차(1790-1840) 영적 대각성(The Great Awakening) 운동으로 수많은 사람이 '즉각적이고 개인적인 회심'(Immediate personal conversion)을 경험했지만, 후속적 조치로서 회심한 신자들을 위한 올바른 '성숙을 위한 가르침'(A studied period of reflection) 없이 방치되자, 몰몬교(Mormonism, 1830)와 여호와의 증인(The Jehovah's Witnesses, 1884)과 같은 이단이 출현했다고 지적했다.[19]

한국교회는 1973년 빌리 그레이엄(Billy Graham) 전도집회, 1974년 엑스플로(EXPLO) 집회 그리고 1977년 민족 복음화 대성회를 통해서 수백만 인파들이 모이는 대형 전도집회가 연이어 개최되었다. 수많은 사람이 이 기간에 기독교 신자가 되었다. 그러나 한국교회는 이러한 결신자들에게 성경의 진리와 믿음의 내용을 설교하고 가르치는 데 소홀했다.

---

[18] 강수경, "교인들, 못 가게 하는 신천지로 '왜' 몰려가나,"「천지일보」종교면, 2014.1.17.

[19] J. P. Moreland, *Love your God with all your mind: the Role of Reason in the Life of the soul*, 2nd. ed. (Colorado Springs: NavPress, 2012), 16-7.

1970-80년대 한국교회의 폭발적인 성장과 함께 교회에 유입된 기독교인들에게 성경을 통해서 믿음의 내용을 가르치는 변증 설교가 부족했다. 오히려 80년대 이후에 수많은 교회에서 번영 신학, 기복 신앙의 메시지가 선포되었다.

성경에 기초하지 않는 말씀 선포 때문에 일부 대형 교회 담임목사는 제왕적 목회자가 되었다. 제왕적 목회자란 절대 권력을 가진 왕이나 혹은 대기업 회장처럼 높은 위치에서 군림하는 자세로 목회하는 목회자를 말한다. 이러한 교회의 세속화 때문에 한국교회는 내부에서뿐만 아니라, 외부에서도 신뢰를 잃어가고 있다.

이러한 때 한국교회는 신자들에게 성경적 믿음의 내용을 바르게 가르쳐야 한다. 변증 설교는 신자들이 가진 믿음의 내용을 알게 하는 설교일 뿐만 아니라 불신자들의 질문에 성경으로 대답하는 것이다.

제1장

"변증 설교"의 성경적 근거

1. 변증 설교

지금까지 기독교 변증은 불신자들이 기독교에 던지는 거대 담론에 대답하기 위해 종교철학과 기독교 세계관 영역에서 주로 다루어져 왔다. 그러나 필자는 '변증'을 설교학적 측면에서 접근하고자 한다. 변증 설교란 질문에 대답하는 측면에서는 기독교 변증과 유사하다. 그러나 변증 설교는 성경 본문에 드러난 수사적 장치를 찾아서, 그것을 본문 해석과 설교 전달 방법으로 사용하는 것이다.

필자는 설교를 하나님의 말씀을 오늘날 청중에게 성령의 능력으로 선포하는 것으로 정의한다. 하나님의 말씀은 기록된 말씀으로 문학 장르들(Genres) 안에서 계시되었다. 본문을 잘 해석하기 위해서 본문이 기록된 문학 장르를 알아야 한다. '본문이 이끄는 설교'(Text Driven Preaching)를 주도하는 싸우스이스턴신학교(Southeastern Baptist Theological Seminary) 총장 대니얼 에이킨(Daniel L. Akin)은 성경 본문이 기록된 문학 장르를 크게 산문(Prose)과 시(Poetry)로 분류한다.

산문은 역사적 이야기(Historical narratives), 담화들(Speeches), 비유들(Par

ables) 그리고 서신서(Epistles)로 분류된다.[1] 시드니 그레이다누스(Sidney Greidanus)는 성경을 7가지 장르들인 내러티브(Narrative), 예언(Prophecy), 지혜(Wisdom), 시(Psalm), 복음서(Gospel), 서신(Epistle) 그리고 묵시(Apocalypse)로 분류한다. 이러한 장르들 안에는 다시 13개 이상의 구조들(Forms)이 있다.[2]

에이킨은 성경에 나타나는 문학 장르들과 그 속에 있는 수사적 구조들을 성경 저자가 그 당시 청중들과 의사소통하기 위해서 사용한 수단으로 본다. 예를 들면, 구약의 내러티브(Narrative) 본문을 설교할 때, 내러티브 문학 장르의 구조(Plot), 즉 '발단-전개-위기-절정-결말'과 각 단계 속에 나타나는 구조들은 저자가 의도하는 메시지를 이해하는 데 중요한 장치들이다. 시편을 설교할 때에는 문학 장르인 '시'(Psalm)의 특징을 알아야 한다. 서신서를 설교할 때에는 문학 장르인 '서신'(Epistle)의 구조와 특징을 알아야 한다.

필자가 싸우스웨스턴신학교 설교학 교수인 알렌(David Allen) 박사에게 수업을 들을 때, '본문이 이끄는 설교' 수업에서 신약성경 히브리서 헬라어 문장들을 칠판에 잔뜩 쓴 후에 주어, 동사, 목적어를 찾는 훈련을 계속했던 기억이 있다. 알렌 박사는 하나님의 메시지가 문장 안에 계시되었다고 생각하기 때문에 주어, 동사, 목적어, 분사들을 찾아 문장을 이해하는 훈련을 시킨 것이다. 이와 같이 하나님의 말씀을 바로 이해하기 위해서 본문에 계시된 단어, 문장, 문단 그리고 문학 장르들을 이해하는 것이 중요하다.

필자는 변증 설교를 보여 주는 본문을 사도행전 22-26장에서 찾았다. 변증 설교를 이해하기 위해서는 바울이 사도행전 22-26장에서 보여 준 법적

---

[1] Daniel L. Akin and others, *Engaging Exposition* (Nashvill: B&H Academic, 2011), 59. 『매력적인 강해설교』(서울: CLC, 2019).

[2] Sidney Greidanus, *The Modern preacher and the Ancient Text* (Grand Rapids: William Eerdmans, 1988), 21-23. 13가지는 다음과 같다; Law, Dream, Lament, Parable, Miracle, Exhortation, Autobiography, Funeral dirge, Lawsuit, Pronouncement, Report, Royal accession and Passion ect.

변증 설교 요소들을 이해해야 한다. 바울은 법정에서 복음을 변증하면서 "변증"이라는 단어를 무려 7회나 사용했다. 바울은 단순히 "변증"이라는 단어만 사용한 것이 아니다. 그는 "변증"을 허락받은 후에 실제로 복음을 변증했다. 그 본문이 사도행전 22-26장에 나타나는 법적 변증이다. 이 본문은 바울이 법정에서 어떻게 복음을 변증했는지 그 실제적 과정을 보여 준다는 점에서 매우 독특한 본문이다. 종교철학이나 기독교 세계관에서 말하는 변증이 아닌, 성경 본문에 나타난 변증의 실례를 보여 주는 것이다.

수사 비평의 선구자인 케네디(G. A. Kennedy)는 성경 본문이 최소 6절 이상은 되어야 변증적 구조를 분석할 수 있다고 했다.[3] 6절 이상이 되어야 서론, 본론, 결론으로 전개되는 흐름 속에서 문학적 요소들을 찾을 수 있기 때문이다.

바울의 법적 변증 본문 중 6절 이상 되는 본문들을 <표 1>에서 정리했다. <표 1>에 나타나는 문학적 구조와 수사 장치들은 성경적 변증 설교의 모델을 보여 준다. <표 1>은 바울 자신이 '변증'을 하겠다고 언급한 후, 실제로 어떻게 변증했는지를 보여 준다.

<표 1> 바울의 변증 설교를 보여 주는 재판 3회[4]

	청중	고발 내용과 변증	결과
1	예루살렘 유대인	예루살렘 성전 소동, 성전을 더럽힘 (21:28) 22:1-21	유대인들이 바울을 죽이려 함/ 바울의 구금 및 체포

---

[3] 제2장 2. "그리스-로마 수사학"을 참조하라.
[4] John W. Mauck, *Paul On Trial The Book Of Acts As A Defense Of Christianity* (Chicago: Moody Publishers, 2008), 85-86.

2	벨릭스, 더둘로 대제사장, 장로들	유대인 폭동, 이단, 성전을 더럽힘 24:10-27	판결 연기 / 2년 구류
3	아그립바, 버니게 천부장들, 유명 인사	위와 동일한 이유 26:1-31	무죄선고/ 로마에서 재판을 위해 이송.

베드로와 스데반의 설교에서도 변증 설교의 특징이 나타난다. 사도행전에서 나타난 대부분의 설교는 청중의 의심과 반대 질문에 대답하는 형태의 설교였다. 사도행전의 첫 번째 설교인 베드로의 설교는 변증 설교이다. 청중의 질문에 대답하는 측면에서 그렇다.

베드로는 그의 설교를 다음과 같이 시작한다.

> 베드로가 열한 사도와 함께 서서 소리를 높여 이르되 유대인들과 예루살렘에 사는 모든 사람들아 이 일을 너희로 알게 할 것이니 내 말에 귀를 기울이라(행 22:14).

베드로는 청중의 질문인 오순절 사건에 대해서 '이런 일이 어떻게 일어났는지'에 대해 설명하겠다고 하면서 설교를 시작한다. 마틴 로이드 존스는 그의 사도행전 강해에서 다음과 같이 설교했다[5].

> 베드로의 오순절 설교는 **이 모든 질문들에 대한 대답입니다.**
> 왜 베드로는 설교했나요?
> 그것은 설명을 하기 위해서입니다. 예루살렘에 사는 사람들은 완전히 변화

---

[5] Lloyd-Jones, Martyn. "The Great Fact of Prophecy," *Authentic Christianity* Vol. 1. (Wheaton, IL: Crossway Books. 2000), 38.

된 한 무리의 남녀들을 대면하게 되었는데, 그 가운데는 예루살렘 사람들이 이미 알고 있는 어부나 다른 사람들도 있었습니다. 예루살렘 사람들은 놀라며 다음과 같이 말했습니다.

[11]그레데인과 아라비아인들이라 우리가 다 우리의 각 언어로 하나님의 큰 일을 말함을 듣는도다 하고 [12]다 놀라며 당황하여 서로 이르되 이 어찌 된 일이냐 하며 [13]또 어떤 이들은 조롱하여 이르되 그들이 새 술에 취하였다 하더라 (행 2:11-13).

청중은 새롭게 변화된 사람들을 보고 놀랐습니다.
청중의 '**질문**'은 "무엇이 이렇게 만들었는가?"입니다.
베드로의 설교는 이러한 청중의 질문에 답을 주는 설교입니다.
(And in his sermon Peter gave the answer to that question).
베드로는 청중의 질문들을 알고 그의 위대한 논증을 이어 나갑니다.
핵심은 이것입니다.
'당신들이 이 일이 어떻게 일어난 것이냐고 물으신다면, 제가 드릴 말씀은 오직 하나, 나사렛 예수라 불리는 사람 때문입니다. 오직 그분으로만 설명할 수 있습니다.'

로이드 존스는 청중의 질문에 대답하기 위해 베드로가 자신의 생각을 말하거나 일어난 현상을 설명하지 않았음을 지적한다. 베드로가 제시한 증거는 경건한 유대인들에게 최고의 권위를 갖는 구약성경 말씀이다. 베드로는 구약성경 요엘 2:28, 시편 16:8; 110:1을 설명하면서 예수님 때문에 이런 일이 발생했다고 설교했다.

베드로는 마지막 때에 구약의 예언이 성취되는 날이 오는데, 예수님의 죽음과 부활이 바로 그 예언을 성취하였다는 것을 설교했다. 베드로는 다윗의 시편을 믿는 유대인들에게 다윗이 언급한 '썩음을 당하지 않게 하는 자'에 대해서 설명한다.

'다윗의 이야기를 믿는 유대인 여러분 다윗이 말한 그 분이 바로 예수님입니다. 왜 다윗의 시편은 믿으면서, 그가 예언한 메시야 예수는 믿지 못합니까?'

베드로는 청중의 가치를 인정한 후, 그 가치를 사용해서 예수님을 전하는 변증 설교를 했다. 이러한 베드로의 변증 설교를 듣고 청중은 마음에 찔렸다. 그들은 회개했고 삼천 명이 침례(세례)를 받았다. 최초의 교회가 탄생하는 장면이다.

사도행전 7장에서 스데반 집사도 변증 설교를 한다. 스데반 집사는 유대인들로부터 '신성 모독과 율법 및 성전을 거슬러 말했다'는 고소를 당했다. 대제사장은 스데반에게 유대인의 고소가 사실이냐고 묻자, 그 질문에 대답하기 위해서 설교를 시작했다.

> 대제사장이 스데반에게,
> "이 사람들의 말이 사실이냐?" 하고 '**묻자**'
> 그가 이렇게 '**대답**' 하였다.
> "여러분 들어보십시오…"(행 7:1-2. 현대인의성경).

일반적으로 사도행전 7:2-26을 스데반의 설교라고 부른다. 이 본문에서 스데반은 예배당 안에서 신자들을 대상으로 설교하지 않았다. 그는 산헤드린 공의회(The Sanhedrin)에서 유대인들이 고발하자 그들에게 대답하면서 자신의 믿음을 설명하고 변증했다. 스데반은 논리적으로 유대인들과 논쟁했다. 그 가운데서 아무도 스데반의 논리와 논증을 당해내지 못했다.

⁹이른바 자유민들 즉 구레네인, 알렉산드리아인, 길리기아와 아시아에서 온 사람들의 회당에서 어떤 자들이 일어나 스데반과 더불어 논쟁할새 ¹⁰스데반이 지혜와 성령으로 말함을 그들이 능히 당하지 못하여(행 6:9-10).

스데반이 설교를 한 후, 수많은 사람이 회개하고 예수님께 돌아오지 않았다. 오히려 청중은 그를 죽였다. 성공적인 설교는 '청중 가운데서 얼마나 많은 결신자가 있는가'로 결정될 수 없다. 오히려 '설교자가 얼마나 하나님의 말씀을 신실하게 선포했는가'로 판단되어야 한다. 왜냐하면 베드로와 스데반 모두 신실하게 하나님의 말씀을 설교했지만, 그 결과는 많은 결신자를 얻은 것이 아니라 오히려 박해와 순교였기 때문이다.

베드로와 요한 역시 산헤드린 공회 앞에서 대제사장, 서기관, 장로들의 질문에 대답하면서 담대하게 복음을 선포했다.

> 사도들을 가운데 세우고 **묻되** 너희가 무슨 권세와 누구의 이름으로 이 일을 행하였느냐(행 4:7).

> 만일 병자에게 행한 착한 일에 대하여 이 사람이 어떻게 구원을 받았느냐고 오늘 우리에게 **질문**한다면(행 4:9).

> 다른 이로서는 구원을 받을 수 없나니 천하 사람 중에 구원을 받을 만한 다른 이름을 우리에게 주신 일이 없음이라(행 4:12).

베드로와 요한이 이 말씀을 예배당 안의 신자들을 대상으로 선포한 것이 아니다. 오히려 고소와 위협을 받는 공의회에서 그들의 믿음을 설명하고 지키기 위해서였다.

필자는 <표 1> 제목을 "바울의 변증 설교를 보여 주는 재판 3회"라고 했다. 필자는 <표 1> 본문들을 설교로 보기 때문이다. 『ESV 스터디 바이블』(ESV Study Bible) 역시 바울의 법정 변증 본문을 "사도행전의 주요 설교들"(Major Sermons in Acts)로 구분한다.[6]

사도행전의 주요 설교들

- 베드로의 설교 3편(행 2:14-36; 3:11-26; 10:34-43).
- 스데반의 설교 1편(행 7:1-53).
- 바울의 설교 6편(행 13:16-47; 17:22-31; 20:18-35; 22:1-21; 24:10-21; 26:1-29)

필자는 『ESV 스터디 바이블』이 <표 1> 본문을 설교로 분류한 이유를 다음과 같이 생각한다.

첫째, 바울은 유대인 청중에게 예수님이 구약에 예언된 메시아임을 선포했다(행 22:14-16).

둘째, 바울은 "예수라 하는 이가 죽은 것을 살아 있다"라고 주장했다(행 25:19).

셋째, 바울은 '죄 사함'과 '그리스도가 고난을 받으실 것과 죽은 자 가운데 먼저 부활'하심을 선포했다(행 26:18, 23).

넷째, 바울이 법정에서 변증한 주제는 예수님의 죽음과 부활이었다.

바울의 법적 변증은 단순한 변증 연설이 아닌 위에서 살펴본 바와 같이 죄사함과 예수님의 죽으심과 부활하심을 설명하는 '설교'였다. 바울이 법정 변증 설교를 하면서 초반에 자신이 '변증'을 하겠다고 밝히고 설교했다.

---

6 *The ESV Study Bible* (Wheaton, IL: Crossway Bibles, 2008), 2120.

그러므로 필자는 <표 1> 본문들을 바울의 '변증 설교'로 주장하는 것이다.

2. 법적 변증 설교

바울의 법적 변증 설교가 무엇인지 사도행전 22:1-21 본문 주해를 통해서 살펴보고자 한다. 사도행전에는 바울이 받았던 5번의 공식적, 비공식적 재판들이 있다. 이때 '변증'이란 단어가 8번이나 등장한다(행 19:33; 22:1; 24:10; 25:8, 16; 26:1, 2, 24). 바울은 예루살렘, 가이사랴 그리고 제국의 수도 로마로 이동하면서 미결수 신분으로 재판을 받았다. 미결수(A prisoner who is on trial)는 법적 판결이 진행 중인 상태로 구금(Custody)되어 있는 피의자이다. 바울은 천부장에게 체포되어 미결수로서 군사 구류(Military custody)를 당한다.

로마 제국 시대에 군사 구류는 다음과 같은 형태로 진행되었다.[7]

① 군대 막사 안에서.
② 한 사람의 집안에서.
③ 재판을 위해 제국의 수도 로마로 이송하면서.
④ 유배가 결정된 사람들을 감시하면서.

바울은 ①, ②, ③에 해당하는 군사 구류를 사도행전 22-28장에서 당했다.[8] 이 과정에서 바울은 유대인 청중이 제기한 기독교에 대한 의심과 반대

---

[7] Brian Rapske, *The Book of Acts and Paul in Roman Custody*, vol 3. ed. Bruce W. Winter and 2 others (Grand Rapids: William Eerdmans, 1994), 29.

[8] Ben Witherington III, *The Acts of the Apostles: A Socio-Rhetorical Commentary* (Grand Rap-

질문에 대답하는 변증 설교를 했다.

1) 바울의 변증 설교(행 22:1-21)

> ¹부형들아 내가 지금 여러분 앞에서 '변명하는 말'(ἀπολογία, the defense)을 들으라 ²그들이 그가 히브리 말로 말함을 듣고 더욱 조용한지라 이어 이르되 ³나는 유대인으로 길리기아 다소에서 났고 이 성에서 자라 가말리엘의 문하에서 우리 조상들의 율법의 엄한 교훈을 받았고 오늘 너희 모든 사람처럼 하나님께 대하여 열심이 있는 자라(행 22:1-3).

바울이 예루살렘에 도착하여 성전에 들어갔다. 그 때 아시아에서 온 유대인들이 바울이 성전에 있는 것을 보고 그를 죽이려고 시도했다. 예루살렘에서 소란이 일어나자 천부장이 즉시 출동한다. 군인들은 바울을 체포하고 로마 군대 구치소에 구류한다(행 21:37). 바울은 이때부터 미결수 신분으로 재판을 받게 된다. 바울은 자신을 예루살렘 성전에서 죽이려 한 유대인들 앞에서 자신의 믿음을 변증한다. 바울은 반기독교 성향의 유대인 청중을 대상으로 변증 설교를 하면서 다음과 같이 시작한다.

> 부형들아 내가 지금 여러분 앞에서 '변명하는 말'을 들으라(행 22:1).

변증 설교의 첫 단어는 부형들, 즉 '형제들과 아버지들'(Brothers and fathers)이다. 바울은 청중과 자신이 동일한 민족임을 먼저 밝힌다. 바울은 그의 언어를 헬라어에서 아람어로 바꾸어 연설을 시작한다. 이는 유대인 청

---

ids: Qilliam B. Eerdmans, 1998), 45-46.

중이 잘 알아들을 수 있는 '히브리 말'로 변증하기 위해서이다. 바울이 청중에게 익숙한 언어를 사용하자 소동하는 청중이 조용해졌다. 이는 청중의 집중과 관심을 끌었기 때문이다. 사도행전 22:3에서 바울은 청중에게 친숙한 단어들, 즉 '유대인,' '길리기아 다소,' '가말리엘의 문하,' '조상들의 율법의 엄한 교훈,' '하나님께 대하여 열심' 등을 사용해서 변증 설교를 시작한다.

켈러는 효과적 변증 설교를 위한 첫 번째 요소로 '청중에게 잘 설명된 단어'(Well-explained vocabulary)[9]를 사용해야 함을 주장했는데, 바울도 청중에게 익숙한 단어를 사용하여 변증 설교를 시작한다. 오늘날 설교자도 변증 설교를 할 때에는, 청중이 알아들을 수 있는 단어들을 사용해야 한다. 이것이 변증 설교의 첫 단계이다.

성경에서 사용되는 '변증' 혹은 '변증하다'의 용례 총 18회 가운데 15회가 불신자들을 대상으로 사용되었다. 그러므로 변증 설교를 할 때는 반드시 불신자 청중의 질문과 반대를 고려하면서 설교를 준비해야 한다. 또한 설교자는 항상 새로운 방문자가 있다는 전제하에 설교 어휘를 선택해야 한다.

설교자는 필요한 상황이 아니면 청중에게 생소한 단어들을 사용하지 않는 것이 좋다. 설교를 위해서 꼭 사용해야 하는 중요한 단어는 정기적으로 그 단어의 의미를 충분히 설명해야 한다. 특히, 신학적 단어를 설명할 때는 청중이 사용하는 언어와 개념으로 설명해야 한다. 이렇게 하지 않으면 청중은 귀를 닫게 되고 설교의 서론 부분에서 그 흥미를 잃게 된다.

바울은 사도행전 22:3에서 당시 유대인 청중이 모두 알고 존경하는 '가말리엘의 문하'(Under Gamaliel)에서 율법을 배웠음을 언급한다. 바울은 '율법의 엄한 교훈'을 받았고 유대인 청중처럼 '하나님께 대하여 열심이 있는

---

[9] 제3장 2. "켈러의 변증 설교를 위한 6가지 건강한 실천 요소들"을 참조하라.

자'라고 자신을 소개한다. 켈러는 이것을 "청중이 권위를 두는 가치를 존중하라"(Employ respected authorities to strengthen your theses)라는 변증 요소로 주장한다.

청중이 신뢰하는 자료를 인용하는 목적은 청중이 권위를 두는 자료들을 사용함으로써 청중의 마음에 성경의 진리를 강력하게 전하기 위해서이다. 물론 청중에게 권위를 가진 자료가 청중이 믿음을 가지도록 보장하지 못한다. 설교자는 청중이 권위를 두는 가치를 존중하며 인용할 수 있지만, 그것 자체가 목적이 되어서는 안 된다. 변증 설교 도입 부분에서는 현대 사회가 동의하고 권위를 두는 자료들을 사용하는 목적은 복음을 효과적으로 전달하기 위해서이다.

> [4]내가 이 도를 박해하여 사람을 죽이기까지 하고 남녀를 결박하여 옥에 넘겼노니 [5]이에 대제사장과 모든 장로들이 내 증인이라 또 내가 그들에게서 다메섹 형제들에게 가는 공문을 받아 가지고 거기 있는 자들도 결박하여 예루살렘으로 끌어다가 형벌 받게 하려고 가더니(행 22:4-5).

바울은 유대인 청중에게 다메섹으로 가는 길에서 만난 예수님 이야기를 한다(행 22:3-4). 사도행전 전체를 한 본문으로 본다면 바울이 다메섹으로 가는 길에서 주님을 만난 사건은 세 번이나 반복된다(행 9, 22, 26장).

그 이유는 무엇일까?

바울의 메시지가 변증적이기 때문이다.

어떤 측면에서 그런가?

유대인 청중이 갖는 예수를 믿는 자들에 대한 '반대와 의심'을 바울도 가지고 있었음을 보여 준다는 측면에서 그렇다.

켈러는 이것을 "의심과 반대를 이해하고 있음을 보여 주라"(Demonstrate

an understanding of doubts and objectives)는 변증 요소로 제시했다.

바울도 유대인 청중처럼 "이 도를 박해"(Persecuted this Way, NASB)하고, 심지어 사람을 죽이기까지 하였다. 감옥에 가두기까지 예수님을 믿는 자들을 박해했다(행 22:4). 바울은 자신이 기독교를 박해한 것에 대한 증인으로 권위자 그룹인 '대제사장과 모든 장로들'을 유대인 청중에게 제시한다(행 22:5). 바울은 그들에게 공식 편지를 받아 기독교인을 박해하려고 가는 길이었다. 바울이 이런 과거를 언급하는 것은 켈러가 주장한 것처럼 청중의 의심과 반대를 이해하고 있음을 보여 주는 변증 방법이다.

오늘날 설교를 듣는 청중은 '의심하는 세대'이다. 포스트모던 세대는 '절대 진리'를 의심하는 교육을 받았다. 설교자는 청중이 믿음에 대해서 갖는 '의심과 반대 의견'을 가볍게 다루어서는 안 된다. 설교자는 청중의 의심과 반대를 자신도 공감하고 있음을 보여 주어야 한다. 설교자는 성급하게 먼저 결론을 제시하지 말아야 하며, "당신의 문제는 믿음이 없기 때문입니다"라는 말로 설교를 시작하는 것을 피해야 한다. 설교자는 청중의 의심과 반대를 충분히 인식하고 있음을 먼저 보여 주어야 청중에게 효과적으로 복음을 전할 수 있다.

> [6]가는 중 다메섹에 가까이 갔을 때에 오정쯤 되어 홀연히 하늘로부터 큰 빛이 나를 둘러 비치매 [7]내가 땅에 엎드러져 들으니 소리 있어 이르되 사울아 사울아 네가 왜 나를 박해하느냐 하시거늘 [8]내가 대답하되 주님 누구시니이까 하니 이르시되 나는 네가 박해하는 나사렛 예수라 하시더라 [9]나와 함께 있는 사람들이 빛은 보면서도 나에게 말씀하시는 이의 소리는 듣지 못하더라 [10]내가 이르되 주님 무엇을 하리이까 주께서 이르시되 일어나 다메섹으로 들어가라 네가 해야 할 모든 것을 거기서 누가 이르리라 하시거늘(행 22:6-10).

바울은 유대인 청중처럼 율법을 잘 지키기 위해서 기독교인을 박해하러 가는 길에서 하늘로부터 '큰 빛'을 보고, '음성'을 듣는다.

> 사울아 사울아 네가 왜 나를 박해하느냐(행 22:7).

바울은 그 음성이 자신이 박해하는 '나사렛 예수'(행 22:8)라는 것을 알게 된다.

바울이 과거에 들었던 '하늘의 음성'을 청중에게 다시 들려 주는 이유는 무엇인가?

청중이 가진 예수님에 대한 오해를 해소하기 위해서다.

켈러는 이것을 '문화 담론의 기준선'(Baseline Culture Narrative)이라고 했다. '문화 담론의 기준선'이란 동시대를 살아가는 불신자 청중이 공통적으로 가지고 있는 비성경적인 가치관을 말한다. 유대인 청중들이 가진 문화 담론의 기준선은 '예수 믿는 자들을 박해하라'이다.

바울은 예수를 박해하는 문화 담론을 가진 청중을 향해서 질문하고 있다.

> 왜 나를 박해하느냐(행 22:7).

21세기 청중이 가진 문화 담론의 기준선은 무엇인가?

'물질 만능주의,' '외모 지상주의,' '학벌 제일주의,' '다양성을 주장하며 절대 진리를 거부하는 성향' 등이 문화 담론의 기준선이 될 수 있다. 변증 설교는 청중이 가지고 있는 이러한 비성경적인 '문화 담론의 기준선'을 무너뜨리는 과정을 포함해야 한다.

이를 위해서 설교자는 문화 담론의 기준을 잘 알고 있어야 한다. 설교자는 21세기 문화 담론의 기준선이 무엇인지를 파악하고 그것을 무너뜨릴 수 있는 말씀을 제시해야 한다. 바울은 청중이 권위를 두는 하늘의 빛과 음성을 통해서 기독교를 박해하는 것이 곧 하나님이 보내신 메시아를 박해하는 것으로 변증했다.

> [11]나는 그 빛의 광채로 말미암아 볼 수 없게 되었으므로 나와 함께 있는 사람들의 손에 끌려 다메섹에 들어갔노라 [12]율법에 따라 경건한 사람으로 거기 사는 모든 유대인들에게 칭찬을 듣는 아나니아라 하는 이가 [13]내게 와 곁에 서서 말하되 형제 사울아 다시 보라 하거늘 즉시 그를 쳐다보았노라 (행 22:11-13).

바울은 유대인 청중에게 아나니아(Ananias)를 소개한다. 아나니아가 율법을 잘 지킨 것과 유대인에게 칭찬 듣는다는 것을 언급하는 이유는 '그는 신뢰할 수 있는 사람이다'라는 증거를 제시하는 것이다. 아나니아가 "형제 사울아 다시 보라 하거늘 즉시 그를 쳐다보았노라"(행 22:13)를 설명한다. 기적을 중요시하는 유대인들에게 신적 능력을 갖춘 아나니아가 하나님의 사람임을 강조하는 변증 방법이다.

> [14]그가 또 이르되 우리 조상들의 하나님이 너를 택하여 너로 하여금 자기 뜻을 알게 하시며 그 의인을 보게 하시고 그 입에서 나오는 음성을 듣게 하셨으니 [15]네가 그를 위하여 모든 사람 앞에서 네가 보고 들은 것에 증인이 되리라 [16]이제는 왜 주저하느냐 일어나 주의 이름을 불러 세례를 받고 너의 죄를 씻으라 하더라 (행 22:14-16).

아나니아는 "우리 조상들의 하나님이 너를 택하여 너로 하여금 자기 뜻을 알게 하시며 '그 의인'(The Righeous One)을 보게 하시고 그 입에서 나오는 음성을 듣게"(행 22:14) 하셨다는 메시지를 바울에게 전달한다. '우리 조상들의 하나님'은 구약의 어휘로 유대인이 선호하는 표현이다. '그 의인'(The Righeous One)은 유대인이 기대하는 메시아를 의미한다.[10]

베드로와 요한도 산헤드린 공의회 앞에서 담대하게 '그 의인'(The Righeous One)의 능력으로 걷지 못하던 사람이 걷게 되었다고 증언했다(행 3:14). 스데반은 '의인'이 구약의 선지자들이 예언한 메시아이며, 그 메시아를 유대인들이 죽였다고 설교했다(행 7:52).

사도행전 22:14에서 '알고'(To know), '보고'(To see), '듣다'(To hear)라는 헬라어 부정사(不定詞)는 동등한 중요성을 가진다. 우리 조상들의 하나님(The God of our father)이 바울에게 그분의 뜻을 알게 하셨다(To know). 하나님의 뜻은 구약에서 예언된 하나님이 보내신 '의인'(Righteous one) 예수를 보고(To see), 예수의 말씀을 듣는 것이다(To hear).[11] 바울은 아나니아를 통해서 예수가 구약에 예언된 메시아임을 청중에게 변증했다.

켈러는 변증 설교의 요소로 복음으로 '문화의 압박점'(The culture's pressure points)을 제압해야 함을 주장했다. '문화의 압박점'이란 청중이 가진 공통적인 문제들이다. 그들 스스로의 힘으로 해결할 수 없는 문제들이다. 복음은 청중이 고민하는 실제적인 문제를 해결할 수 있는 능력이 있다.

유대인 청중이 해결할 수 없는 문제는 '죄 사함'의 문제였다(행 22:16). 청중은 구약의 율법을 지킴으로 '죄 사함'을 받기 원했다. 그러나 바울은 예수님의 이름을 부르고 침례(세례)를 받음으로 죄 사함과 구원받을 수 있음을 제시한다. 이 부분에서 유대인 청중은 바울이 전하는 복음을 통해서 큰 압박을 받는다.

---

[10] John B. Polhill, *Acts*, *The New American Commentary* (Nashville: Broadman & Holman Publishers, 1992), 461.

[11] Newman, B. M., & Nida, E. A., *A handbook on the Acts of the Apostles* (New York: United Bible Societies. 1972), 424.

> ¹⁶이제는 왜 주저하느냐 일어나 주의 이름을 불러 침례(세례)를 받고 너의 죄를 씻으라 하더라 ¹⁷후에 내가 예루살렘으로 돌아와서 성전에서 기도할 때에 황홀한 중에 ¹⁸보매 주께서 내게 말씀하시되 속히 예루살렘에서 나가라 그들은 네가 내게 대하여 증언하는 말을 듣지 아니하리라 하시거늘 ¹⁹내가 말하기를 주님 내가 주를 믿는 사람들을 가두고 또 각 회당에서 때리고 ²⁰또 주의 증인 스데반이 피를 흘릴 때에 내가 곁에 서서 찬성하고 그 죽이는 사람들의 옷을 지킨 줄 그들도 아나이다 ²¹나더러 또 이르시되 떠나가라 내가 너를 멀리 이방인에게로 보내리라 하셨느니라 ²²이 말하는 것까지 그들이 듣다가 소리 질러 이르되 이러한 자는 세상에서 없애 버리자 살려 둘 자가 아니라 하여(행 22:16-22).

바울은 아나니아가 자신에게 했던 말을 반복함으로 청중을 복음으로 초대하고 있다.

> 이제는 왜 주저하느냐 일어나 주의 이름을 불러 침례를 받고 너의 죄를 씻으라(행 22:16).

켈러도 변증 설교의 마지막 단계를 "복음의 삶으로 초대"(Call for gospel motivation)라고 했다. 바울이 성전에서 기도할 때, 두 번째로 하늘의 음성(예수님의 음성)을 듣는데(행 22:17-18), 그 음성을 두 번 들었다는 것은 자신의 경험이 확실한 하나님의 뜻임을 뒷받침하는 문학적 장치이다. 바울이 들은 하나님의 음성은 "예루살렘에서 나가라… 떠나가라 내가 너를 멀리 이방인에게로 보내리라"(행 22:18, 21)는 사명이다.

하나님께서 바울을 이방인들에게 보낸다는 대목에서 청중 가운데 소요와 반대가 일어났다. 청중은 '예루살렘과 유대인을 떠나서 이방인에게 가라'는 명령이 하늘로부터 왔다는 부분에서 견디지 못하고 바울의 변증을 중

단시킨다. 그 이유는 하나님은 유대인을 선민으로 선택하셨고 예루살렘은 하나님이 선택한 중심이기 때문이다.

하나님이 바울을 예루살렘과 유대인에게서 떠나서 이방인에게 보내는 대목에서 소동이 일어나고 청중은 바울을 죽이려고 했다. 여기서 바울이 변증 설교를 했을 때, 그 결과가 항상 좋은 것만은 아님을 알 수 있다. 바울이 베스도 총독 앞에서 '죽은 자의 부활'을 변증하자, 베스도 총독은 '바울이 미쳤다'고 했다(행 22:24). 스데반은 설교를 한 후, 돌에 맞아 죽었다.

변증 설교자는 최대한 청중을 고려하면서 그들이 이해할 수 있는 방법으로 변증해야 한다. 그러나 그리스도의 십자가와 부활을 전할 때는 논리적 설명이 아니라 선포를 해야 한다. 그 이유는 청중이 복음을 듣고 믿는 것은 변증을 얼마나 잘했느냐, 혹은 말을 얼마나 논리적으로 했는가에 있지 않기 때문이다. 청중이 이해할 수 있는 언어와 청중이 권위를 두는 자료들을 사용하고, 청중의 반대도 이해하고 있음을 보여 주는 목적은 결국 예수 그리스도의 십자가와 부활을 선포하기 위해서다.

예수님을 영접하는 결과는 성령님께 있음을 인정하면서 변증 설교를 해야 한다(고전 12:3). <표 2>는 켈러의 변증 설교를 위한 '6가지 건강한 실천 요소'들을 기준으로 바울의 변증 설교의 구조와 변증 표현을 정리했다.

<표 2> '6가지 건강한 실천 요소들'로 변증 설교(행 22:1-21) 분석

본문	변증 요소들	본문 속 변증 표현
1-2절	잘 설명된 단어	"부형들아," 히브리말로 말함을 듣고 더욱 조용
3-5절	권위 존중	길리기아 다소, 가말리엘의 문하, 율법의 엄한 교훈, 대제사장들과 장로들이 내 증인, 공문

4-5절 19-20절	의심과 반대 를 이해함	"이 도를 박해하여 사람들을 죽이기까지 남녀를 결박하여 옥에 넘겼노니" "주를 믿는 사람을 가두고 또 각 회당에서 때리고" 스데반이 피를 흘릴 때 내가 곁에 서서 찬성
6-9절	문화 담론의 기준선 확인	하늘로부터 큰 빛 "네가 왜 나를 박해하느냐?" "주님 누구시니이까?" "나는 네게 박해하는 나사렛 예수라" "볼 수 없게 되었으므로"
10-15절 22-23절	복음으로 문화의 압박점 을 제압	"주님 내가 무엇을 하리이까?" "다메섹으로 들어가라," "율법에 따라 경건한 사람" "모든 유대인들에게 칭찬을 듣는 아나니아" "다시 보라 하거늘 즉시 그를 쳐다보았노라" "우리 조상들의 하나님이 그 의인을 보게 하시고 그 입에서 나오는 음성을 듣게 하셨으니"
16, 21절	복음의 삶으로 초대	"왜 주저하느냐?" "일어나 주의 이름을 불러 침례를 받고 너의 죄를 씻으라"

2) 벨릭스 총독 앞에서 변증 (행 24:10-21)

총독이 바울에게 머리로 표시하여 말하라 하니 그가 대답하되 당신이 여러 해 전부터 이 민족의 재판장 된 것을 내가 알고 내 사건에 대하여 기꺼이 변명하나이다 (행 24:10).

로마 제국의 재판 절차는 다음과 같다.¹²

① 검사는 총독 앞에서 사건을 보고한다.
② 피고는 소환된다.
③ 검사는 혐의를 제기한다.
④ 피고는 혐의에 대해 변호한다.
⑤ 재판관은 사건을 판결한다.

바울을 고소한 변호사 더둘로는 고대 수사학 전형인 찬사(*Captatio benevolentiae*)로 고소를 시작한다.¹³ 변증을 시작하면서 상대방에 대한 칭찬과 감사를 표현하는 것은 일반적인 고대 수사법이다.

> 벨릭스 각하여 우리가 당신을 힘입어 태평을 누리고 또 이 민족이 당신의 선견으로 말미암아 여러 가지로 개선된 것을 우리가 어느 모양으로나 어느 곳에서나 크게 감사하나이다(행 24:3-4).

더둘로(Tertullus)는 재판장에게 인사한 후, 바울의 혐의를 제기한다.

> ⁵우리가 보니 이 사람은 '전염병'(Plague, ESV; troublemaker, NIV) 같은 자라 천하에 흩어진 유대인을 다 소요하게 하는 자요 나사렛 이단의 우두머리라 ⁶그가 또 성전을 더럽게 하려 하므로 우리가 잡았사오니(행 24:5-6).

---

12 Ben Witherington III, *The Acts of the Apostles: A Socio-Rhetorical Commentary*, 703.
13 고대 수사학에 시작 부분에 나타나는 법적 수사의 전형이다. 상대방의 환심을 얻기(capture of good will) 위한 칭찬으로 시작한다. Cicero, *De Oratore III: With an English transration by E. W Suttonm* vol. 3, (London: Harvard Unviversty Press, 1967), 361.

바울을 고소한 내용을 정리하면 다음과 같다.

첫째, 로마 제국 전역에 흩어진 유대인들을 선동하여 폭동을 일으키려 한다.

둘째, 종교 이단의 한 분파로서 성전을 더럽히려 한다.

바울은 더둘로의 고소에 대해서 자신을 변증한다.

> 총독이 바울에게 머리로 표시하여 말하라 하니 그가 대답하되 당신이 여러 해 전부터 이 민족의 재판장 된 것을 내가 알고 내 사건에 대하여 기꺼이 변명하나이다(행 24:10).

바울도 변증가 더둘로처럼 여러 해 전부터 벨릭스(Felix)가 유대인의 재판장으로 수고한 것을 칭찬하면서 변증을 시작한다.

> [11]당신이 아실 수 있는 바와 같이 내가 예루살렘에 예배하러 올라간 지 열 이틀밖에 안 되었고 [12]그들은 내가 성전에서 누구와 변론하는 것이나 회당 또는 시중에서 무리를 소동하게 하는 것을 보지 못하였으니 [13]이제 나를 고발하는 모든 일에 대하여 그들이 능히 당신 앞에 내세울 것이 없나이다 [14]그러나 이것을 당신께 고백하리이다 나는 그들이 이단이라 하는 도를 따라 조상의 하나님을 섬기고 율법과 선지자들의 글에 기록된 것을 다 믿으며 [15]그들이 기다리는 바 하나님께 향한 소망을 나도 가졌으니 곧 의인과 악인의 부활이 있으리라 함이니이다 [16]이것으로 말미암아 나도 하나님과 사람에 대하여 항상 양심에 거리낌이 없기를 힘쓰나이다 [17]여러 해 만에 내가 내 민족을 구제할 것과 제물을 가지고 와서 [18]드리는 중에 내가 결례를 행하였고 모임도 없고 소동도 없이 성전에 있는 것을 그들이 보았나이다 그러나 아시아로부터 온 어떤 유대인들이 있었으니(행 24:11-18).

바울의 법적 변증에서 고대 수사학자 퀸틸리안(Quintilian)[14]의 법정 수사 6단계 흐름[15]이 발견된다.

① 서론(Exordium)은 연설가의 인격과 주요 주제에 대한 언급이다.
② 진술부(Narratio)는 변증을 위해 배경 정보와 사건의 문제(Problem)를 이야기한다.
③ 분할(Propositio)은 연설의 전개 방식을 먼저 청중에게 알려줌으로서 연설에 대한 집중과 이해를 높인다.
④ 주장(Probatio)은 연설자가 주장하는 논리를 설명하고 증거를 제시한다.
⑤ 반박(Refutatio)은 반대자의 주장에 대한 약점을 지적하고 보완함으로 보다 설득력있는 연설을 한다.
⑥ 결론(Peroratio)은 연설 내용을 요약 마무리한다.

진술부(Narratio)에서 바울은 사건의 배경 및 사실을 설명한다. 법정에서 사건을 설명하듯이 객관적으로 당시의 상황을 설명한다. 바울은 예루살렘에 예배하러 갔으며, 12일 정도밖에 머물지 못했다(행 24:11). 바울은 성전에서 결례를 행했고, 어떤 소동도 일으키려 하지 않았다(행 24:12, 18).

주장(Probatio)에서 바울은 그 기간 동안 회당, 성전, 도시에서 어떤 소동을 일으키지 않았음을 설명한다(행 24:12).

반박(Refutatio)에서 바울은 자신이 '율법과 선지자들의 글'을 믿으며, '의인과 악의 부활'을 믿기 때문에 이단이 아니라고 반박한다(행 24:14, 15). 바울

---

[14] Quintilian(A.D. 35-95)은 퀸틸니아누스 혹은 퀸틸리안으로 불리는데, 이 책에서는 퀸틸리안으로 사용하겠다.

[15] G. Walter Hansen, "RHETORICAL CRITICISM," *Dictionary of the later New Testament and its developments* (Downers Grove: IVP, 1993), 823.

은 예루살렘에 온 이유는 구제금을 전달하기 위해서이다(행 24:17). 바울은 양심을 따라 윤리적인 삶을 살았다는 근거로 그가 이단이라는 주장을 반박한다.

바울은 자신의 주장과 반박에 잘못된 것이 있으면 증인을 제시하라고 변호사 더둘로를 압박한다(행 24:19, 20). 바울은 마지막으로 그가 심문을 받는 것은 '죽은 자의 부활'(행 24:21) 때문이라고 주장한다. 당시 청중 가운데는 부활을 믿는 바리새인들도 있었기 때문에 바울의 변증은 유대인 청중에게 상당한 설득력이 있었다.

바울의 변증에서 퀸틸리안의 수사학 장치들이 보이는 부분들만 <표 3>에 정리했다. 바울의 변증 설교에 고대 법적 변증 수사 구조가 드러나는 것은 성경적 변증 설교를 할 때 그리스도의 죽으심과 부활하심을 전하기 위해서 논리적, 설득적 요소들을 사용해야 함을 보여 준다.

<표 3> 퀸틸리안의 수사학으로본 '바울의 변증 설교'(행 24:10-18)

구분	본문	본문에 나타난 수사적 장치
서론	10절	"당신이 여러 해 전부터 이 민족의 재판장 된 것을 내가 알고"
진술부	11절 18절	"내가 예루살렘에 예배하러 올라간 지 열이틀밖에 안 되었고" "내가 성전에서 누구와 변론하는 것이나 회당 또는 시중에서 무리를 소동하게 하는 것을 보지 못하였으니"
주장	12절	"내가 결례를 행하였고 모임도 없고 소동도 없이 성전에 있는 것을 그들이 보았나이다"

반론 Refutatio	14절	"율법과 선지자들의 글에 기록된 것을 다 믿으며"
	15절	"의인과 악인의 부활이 있으리라 함이니이다"
	16절	"항상 양심에 거리낌이 없기를 힘쓰나이다"
	17절	"여러 해 만에 내가 내 민족을 구제할 것과 재물을 가지고 와서" -> '이단'이 아니다, 유대인을 '소요'하게 하지 않았다. -> 성전을 더럽히지 않았다.
	13절	"이제 나를 고발하는 모든 일에 대하여 그들이 능히 당신 앞에 내세울 것이 없나이다"
	19절	"그들이 나를 반대할 사건이 있으면 마땅히… 고발하였을 것이요"

바울의 변증 설교 본문은 고대 수사학에서 사용되는 장치들이 발견된다. 이는 설교자도 진리를 뒷받침할 수 있는 논리적인 주장을 해야 함을 보여 준다. 켈러가 제시하는 변증 설교를 위한 '6가지 건강한 실천 요소들'에도 이러한 논리적 요소들이 잘 나타나 있다. 제3장 "켈러의 변증 설교 분석"에서 구체적 논증의 방법들을 보여 줄 것이다.

3) 아그립바 왕[16] 앞에서 변증(행 26:1-29)

> 아그립바가 바울에게 이르되 너를 위하여 말하기를 네게 허락하노라 하니 이에 바울이 손을 들어 변명하되(행 26:1).

아그립바(Agrippa) 왕은 왕복을 입고 버니게(Bernice)와 천부장들과 명사들을 대동하여 함께 바울을 만나고자 접견 장소로 간다(행 25:23). 바울은 "왕과 총독과 버니게와 그 함께 앉은 사람들"(행 26:30) 앞에서 자신을 고소한

---

[16] 아그립바 1세(Agrippa I)가 죽고(행 12:23), 그의 아들 아그립바 2세(Agrippa II)가 팔레스타인 지역을 다스리고 있었다.

유대인에 대항해서 변증한다(행 26:2-29).

바울이 변증할 수 있는 것을 허락받은 후, '손을 들어서' 변증을 시작한다. 손을 들어서 변증을 시작하는 것은 고대 수사적 표현(The traditional rhetorical gesture)으로 청중에게 '경청을 요청'(An appeal for a quiet hearing)하는 연설가의 포즈(The pose of an orator)이다(행 26:1; 13:16; 21:40).[17]

이 본문은 사도행전 22장에서 비교적 자세하게 다루었다. 다만 사도행전 22장에서 바울의 변증은 청중에 의해서 중단되었지만, 26장 아그립바 왕 앞에서 변증은 끝까지 진행되었다. 바울은 아그립바 왕에게 그리스도가 고난을 받으실 것과 죽은 자 가운데서 먼저 부활하실 것임을 명확하게 전한다(행 26:23). 이 말을 들은 베스도 총독은 바울이 미쳤다고 말하지만, 아그립바 왕은 "나를 권하여 그리스도인이 되게 하려 하는도다"라고 반응한다. 아그립바 왕과 베스도 총독은 바울에게 무죄를 판결한다(행 26:31). 그러나 바울은 황제에게 상소했기 때문에 로마로 호송된다(행 26:32).

3. "변증"의 의미

'아폴로기아'(ἀπολογία)[18]는 신약성경에서 8회 나타난다. 명사형 '아폴로기아'는 '방어'(A speech of defense) 혹은 '받은 질문에 대답'(An answer given in reply)이라는 의미이다. 동사형 '아폴로게오마이'(ἀπολογέομαι)는 '스스로 변호

---

[17] David G. Peterson, *The Pillar New Testament Commentary: The Acts of the Apostles* (Grand Rapids, MI: Eerdmans, 2009), 659.

[18] 명사 8회: 행 22:1; 25:16; 고전 9:3; 고후 7:11; 빌 1:7, 16; 딤후 4:16; 벧전 3:15. 동사 10회: 눅 12:11; 21:14; 행 19:33; 24:10; 25:8; 26:1, 2, 24; 롬 2:15; 고후 12:19. John R. Kohlenberger III and others, *The Exhaustive Concordance to the Greek New Testament* (Grand Rapids: Zondervan, 1995), 661.

하다'(Defend oneself)라는 의미로 신약성경에서 10회 사용되었다.

사도행전에 나타나는 "변증"은 이미 앞에서 살펴보았다. 계속해서 사도행전을 제외한 복음서와 서신서에 사용된 '변증'의 의미를 살펴보겠다.

신약성경에 나타나는 '변증'을 그 대상을 기준으로 구분하면 <표 4>와 같다. 총 18회 중 대략 15회 정도가 불신자의 질문에 대답하는 상황에서 사용되었다. 2회는 바울이 고린도교회 성도들에게 자신을 변증하는 상황에서, 1회는 고린도교회 성도들 스스로가 잘못된 가르침으로부터 그들을 보호하는 상황에서 사용되었다.

<표 4> 신약성경에 나타나는 '변증' 18회

불신자에게 15회		신자에게 3회
법정 변호	13회	바울의 변증(고전 9:3) 고린도교회 성도의 변증(고후 7:11) 바울의 변증(고후 12:19)
질문에 대답(벧전 3:15)	1회	
양심을 변호(롬 2:15)	1회	

1) 박해자들 앞에서 변증(눅 12:11)

> 사람이 너희를 회당이나 위정자나 권세 있는 자 앞에 끌고 가거든 무엇으로 대답하며 무엇으로 말할까 염려하지 말라(눅 12:11).
>
> 그러므로 너희는 변명할 것을 미리 궁리하지 않도록 명심하라(눅 21:14).

예수님은 제자들에게 복음을 전하는 일 때문에 위정자와 권세자 앞에서 변증해야 함을 말씀하셨다(눅 12:11; 21:14). 사도행전에서 제자들은 복음

전파 때문에 핍박을 당하고 "…회당과 옥에 넘겨주며 임금들과 관장들 앞에"(눅 21:12) 끌려가는 상황을 만났다. 그러한 핍박과 어려움 속에서 예수님은 다음과 같이 약속하셨다.

> 내가 너희의 모든 대적이 능히 대항하거나 변박할 수 없는 구변과 지혜를 너희에게 주리라(눅 21:15).

많이 배우지 못했던 베드로와 요한이 공의회 앞에서 담대하게 말하자 유대인 종교 지도자들은 놀랐다(행 4:13). 그리스도인이 박해받는 상황에서 두려워하지 말아야 하는 이유는 성령님이 그리스도인에게 대답할 것을 가르쳐 주시기 때문이다.

> 너희는 변명할 것을 미리 궁리하지 않도록 명심하라(눅 21:14).

이 말씀은 마치 변증을 미리 준비하지 말라는 말씀처럼 들린다. 영어 성경(NIV)은 '미리 걱정하다'(To worry beforehand)로 번역했다. '미리 궁리하다'(προμελετάω)는 '연설을 해 보다'(Rehearsing a speech)는 의미[19]가 있다. 이 말씀은 제자들이 "법정에서 빠져나가기 위해 유창한 연설과 웅변을 암기하거나 연습할 필요는 없음"을 의미한다.[20]

제자들에게 필요한 것은 법정에서 대답할 것을 암송해서 안전을 보장받는 것이 아니다. 담대한 믿음을 가지고 박해자들 앞에서 성령님을 의지하면

---

[19] H. I. Marshall, *The Gospel of Luke: A commentary on the Greek text* (U.K., Exeter: Paternoster Press. 1978), 768.

[20] David E. Garland, *Exegetical Commentary on the New Testament*, ed. Cliton E. Arnold, (Grand Rapids: Zondervan, 2012), 831.

서 복음을 변증하는 것이다. 제자들에게 약속된 것은 박해를 받을 때 유창한 연설을 통해서 안전하게 풀려나는 것이 아니다. 담대하게 복음을 변증하는 것이다. 산헤드린 법정에서 베드로가 보여 준 모습과 로마 제국 법정에서의 바울의 변증에서 이러한 모습을 볼 수 있다(행 4:8-12; 5:29-32; 18:9-10).

'변증을 사용하지 말라'는 뜻으로 오해되는 대표적 성경 구절은 고린도 전서 2:4인 "내 말과 전도함이 설득력 있는 지혜의 말로 하지 아니하고 다만 성령의 나타나심과 능력으로 하여"이다. 변증은 기본적으로 '설득력 있는 지혜의 말'(Wise and Persuasive words)을 통해 상대방을 설득하는 것이다.

고린도전서 2:4은 설교를 하면서 바울이 변증적 요소를 사용하지 않는 것처럼 말한다. 그러나 바울의 설교에 설득 기술이 나타난다(행 17:4; 18:4; 19:8, 26; 26:28; 고후5:11). 바울은 데살로니가 회당(행 17:4), 고린도 회당(행 18:4), 에베소 회당(행 19:8)에서 복음을 설득(Persuade)했으며, 아그립바 왕에게도 복음의 내용으로 설득했다(행 26:28).

다만, 바울이 복음을 전할 때, 설득 기술만을 의지하지 않았다. "성령의 나타나심과 능력으로" 했다. '성령의 나타나심과 능력'은 '십자가의 도'(The message of the cross, 고전 1:18)이다. 고린도교회가 당시에 유명한 연설가들과 바울을 비교하며 평가했을 때, 바울은 그들에게 박수를 받지 못했다.[21]

바울은 그들에게 '십자가에 못 박히신 그리스도'를 전했기 때문이다. 십자가에 못 박히신 그리스도는 유대인들에게는 꺼리는 것이다. 이방인에게는 미련해 보였다. 그러나 부르심을 받은 자들에게 그리스도는 하나님의 능력이고 하나님의 지혜이다(고전 1:24-25).

설득이나 논리 수사 장치를 사용하여 궁극적으로 전달하려는 메시지는 '십자가에 못 박히신 그리스도'이다. 수사적으로는 미련해 보이는 '십자가

---

[21] Roy E. Ciampa and Brian S. Rosner, *The First Letter to the Corinthians* (Grand Rapids: Willilam B. Eerdmans, 2010), 117.

의 메시지'를 전할 때, 비로소 청중을 설득 시켜야 한다는 부담을 내려놓을 수 있다. 그 이유는 청중을 설득시키시는 주체가 수사적인 기법이 아니라 '성령님의 능력,' '십자가의 메시지' 그 자체이기 때문이다.

이러한 수사적 기법은 그 당시 변증가와 전도자 바울을 구별 짓는 결정적 요소였다. 본문이 이끄는 설교는 바울이 강조하는 것처럼 본문에 나타나는 십자가의 도를 설교하는 것이다. 설교자가 설교의 절정 부분에서 가장 어리석어 보이는 '십자가의 도'를 선포해야 한다. 이것은 "하나님의 말씀 그 자체가 청중을 변화시킨다"라는 설교철학이 있을 때에 비로소 가능하다. 이러한 확신은 하나님의 말씀인 본문이 청중을 변화시킬 수 있다는 믿음에서 시작된다.

오늘날 설교에서 '십자가의 메시지'가 사라지고 있다. 본문과 연관성이 적은 감동적인 예화나 독서 내용으로 설교하는 경우가 종종 있다. 그러한 설교로 종교적 공동체를 세울 수는 있을 것이다. 그러나 예수님이 주인 되시는 교회를 세울 수는 없다.

성경적 변증 설교란 설득, 설명, 이성과 논리를 사용하여 청중에게 들려지는 설교를 하되, 청중을 변화시키는 최종 권위가 자신의 논리가 아니라 '십자가의 메세지'에 있음을 인정하면서 설교의 절정에서 가장 어리석어 보이는 '십자가의 도'를 담대하게 설교하는 것이다.

2) 양심의 변증(롬 2:15)

> 이런 이들은 그 양심이 증거가 되어 그 생각들 서로 혹은 고발하며 혹은 변명하여(Their thoughts alternately accusing or else defending them, NASB) 그 마음에 새긴 율법의 행위를 나타내느니라(롬 2:15).

바울은 모세의 율법을 듣지 못한 이방인도 때로는 본성적으로 율법의 일들(The things of the Law, NASB)을 수행할 수 있다고 했다. 이방인이 본성적으로 행하는 율법은 도덕법(A law)이다.²²

> …이방인이 본성으로 모세의 율법의 일들(The things of the Law)을 행할 때에 이 사람은 모세의 율법(The Law)이 없어도 자기가 자기에게 율법이(A law) 되나니(롬 2:14).

모세의 율법은 이스라엘의 제사법, 사회법, 도덕법뿐만 아니라 이방인의 마음에도 있는 보편적 도덕법(롬 1:20)도 포함한다. 이방인들은 양심이 증거가 되어서 그들의 생각들이 서로 고발하며 변증한다.

모세의 율법이 없는 이방인도 본성으로 '부모를 공경해야 하며, 살인해서는 안 된다'는 옳고 그름의 기준이 되는 보편 도덕법을 가지고 있다. 양심의 주요 기능은 행동 및 사상을 평가하는 역할이다(롬 2:15; 고전 8:7; 10:25). 하지만 양심은 최종 권위자가 되어서 절대 진리를 정의하거나 확증하지 못한다.²³

이것은 선한 양심(벧전 3:16, 21; 딤전 1:15; 히 13:18)과 악한 양심(딤전 1:19; 4:2; 히 10:22)이 있기 때문이다. 보편적 양심은 재판석의 배심원의 역할처럼 양측의 생각이 서로 대립될 때, 인간이 마땅히 행해야 하는 도덕에 대해서 증거가 될 수 있다.²⁴ 그러나 양심이 최종 권위를 가질 수는 없다. 그러한

---

22 Thomas R. Schreiner, *Roman, Baker Exegetical Commentary on the New Testament*, ed. Moises Silva (Grand Rapid: Baker Academic, 1998), 121.

23 J. M. Gundry-Volf, "CONSCIENCE" In *Dictionary of Paul and his letters*, eds. Hawthorne, G. F and 2 others (Downers Grove: IVP, 1993), 154.

24 Leon Morris, *The Epistle to the Romans The Pillar New Testament Commentary* (Grand Rapids: William B. Eerdmans, 1988), 126-127.

권위는 오직 말씀에만 있다.
바울의 논증의 흐름(롬 2:12-16)은 다음과 같다.

> 유대인들은 율법을 들었다(롬 2:13).
> 이방인들 또한 본성적으로 그 마음에 기록된 양심의 율법을 들었다.
> 유대인은 율법을 들었지만 행하지 못했다.
> 이방인도 본성적으로 도덕법 및 하나님의 존재를 알았지만(롬 1:19-20),
> 죄로 인해서 하나님을 인정하는 삶을 살 수 없다(롬 1:21-23; 2:16).
> 로마서는 모든 사람이 죄인임을 말한다.
> 유대인은 율법을 온전히 지키지 못함으로 망했다.
> 이방인은 양심을 따라 온전히 옳은 일들을 행하지 못함으로 망한다.

로마서 2:15에 "그 생각들"(λογισμός)은 이성(Reasoning) 또는 생각(Thought)을 의미한다.[25] 이 단어는 고린도후서 10:4에서 "논쟁"(λογισμός, argument, ESV)으로 번역되었다.[26] 이와 동격을 이루는 내용은 고린도후서 10:5에 나오는 "하나님 아는 것을 대적하여 높아진 것"(And every lofty opinion raised against the knowledge of God)과 "모든 생각"(Every thoughts)이다.

바울은 그리스도인의 싸움은 육체적이 아니라 '하나님이 없다'고 하는 생각들과 사상들에 대한 싸움이라고 말한다. 21세기 교회는 '하나님이 없다'고 주장하는 포스트모던 사상과 영적인 싸움을 하고 있음을 자각해야 한다.

'하나님이 없다'는 사상과 생각을 그리스도 아래로 복종시키는 사역이

---

[25] Danker, F. W. & Bauer, W., *A Greek-English lexicon of the New Testament and other early Christian literature* 3rd ed. (Chicago: University of Chicago Press, 2000), 589.

[26] "우리의 싸우는 무기는 육신에 속한 것이 아니요 오직 어떤 견고한 진도 무너뜨리는 하나님의 능력이라 모든 이론(λογισμός)을 무너뜨리며"(고후 10:4).

바로 변증 설교의 사역이다. 포스트모던주의, 물질주의, 그리고 과학주의에서 자라난 세대에게 그리스도를 전하기 위해서는 반드시 이러한 사상들의 허점들과 한계들을 파악하여 무너뜨리는 설교를 해야 한다.

3) 교회 내 비판자들에 대한 변증(고전 9:3; 고후 12:19)

> 나를 비판하는 자들에게 변명할 것이 이것이니(고전 9:3).

바울은 자신의 사도적 권위를 비판하는 자들에게 변증(ἀπολογία, Defense)한다. 바울이 고린도전서 9장에서 그를 비판하는 자들에게 보여 주는 변증의 핵심은 에토스(Ethos)이다. 에토스는 연설가의 인격과 윤리적인 삶을 의미한다. 청중이 연설가의 윤리성과 인격을 믿게 되면 그가 하는 말도 신뢰하게 된다. 바울은 고린도교회를 개척했기 때문에 고린도 성도들에게 영적 지도자였다(고전 9:1-2).

바울은 영적 아버지로서 고린도교회 성도로부터 경제적 후원을 받을 자격이 있었다. 바울은 다른 사도들처럼 음식 후원을 받을 권리(고전 9:4), 아내를 데리고 다닐 권리(고전 9:5), 일하지 않을 권리(고전 9:6)가 있었다. 이러한 사도의 권리는 마치 군인이 숙식을 제공받고, 포도원의 농부가 그 포도를 먹고, 목자가 양의 젖을 먹는 것과 같이 정당한 것이다(고전 9:7).

구약의 율법도 제사장은 제사를 통해서 양식을 제공받도록 하고 있다(고전 9:13). 예수님도 복음을 전하는 자들이 먹을 것을 제공받을 권리가 있음을 말씀하셨다(고전 9:14; 마 10:10; 눅 10:7). 바울이 이러한 권리가 있음에도 불구하고 이러한 권리를 사용하지 않은 것은 '그리스도의 복음에 아무 장애'가 없게 하기 위해서였다(고전 9:12). 바울에게 사도의 권리가 있었지만, 자발적으로 사용하지 않았던 이유는 복음전파에 방해가 되지 않게 하기 위함이다.

바울은 고린도전서 9장에서 바울의 반대자들에게 변증을 하면서 교리적인 논쟁을 하지 않았다. 그의 희생적 섬김과 윤리적 청렴함이 그의 반대자들 앞에서 바울을 변증했다. 이러한 바울의 에토스적 변증은 오늘날 한국교회가 어떻게 스스로를 변증해야 하는지 보여 준다. 한국교회는 교회를 무너뜨리려는 반대자에게 높은 도덕적 삶을 보여 주어야 한다. 더 나아가 자기 희생과 자발적인 자기 이익을 포기하고 주님을 따르는 모습을 보여 주어야 한다. 성육신화 된 교회의 모습이 기독교 진리를 변증하기 때문이다.

> 너희는 이 때까지 우리가 자기 변명을 하는 줄로 생각하는구나 우리는 그리스도 안에서 하나님 앞에 말하노라 사랑하는 자들아 이 모든 것은 너희의 덕을 세우기 위함이니라(고후 12:19).

일부 고린도교회 성도는 바울의 편지를 자기 방어적, 변명적 편지로 보았다. 고린도교회의 배심원들(A panel of Corinthian judges)에게 자신의 행동을 변명하기 위해서 편지를 보냈다고 보았다. 그러나 바울이 고린도후서를 기록한 것은 고린도교회 성도들에게 단순히 인정 받기 위해서 기록한 것이 아니다. 바울은 편지의 기록 목적이 고린도교회의 덕을 세우기(Upbuilding, NASB) 위함이라고 말한다.

바울은 고린도교회를 바른 믿음으로 굳건하게 바로 세우고자 편지를 기록했다. 바울은 "주께서 주신 권세는 너희를 무너뜨리려고 하신 것이 아니요 세우려고 하신 것"(고후 10:8)이라고 했다.

바울은 개인적인 명성을 변호하기 위해서가 아니라 복음을 변호하고 변증하기 위해서 고린도후서를 기록했다. 바울의 대적자(고후 11:13-15)들이 바울의 인격을 공격했기 때문에 바울이 그에 대한 변호를 하지만(고후 10-13장), 그것은 결국 고린도교회를 믿음 위에 바르게 세우기 위한 것이었다.

바울은 복음을 전하기 위해서 많은 고난을 당했다(고후 12:10). 그는 그의 육체의 약함이 곧 그의 강함임을 고백한다(고후 12:9-10). 바울이 보여 주는 변증은 영적 경험을 자랑함이나 논리와 이성, 지식이 많음이 아니다. 고린도 후서 12장에서 보여 주는 바울의 변증은 복음 전파를 위해서 그가 받은 고난이다. 바울의 약함이 오히려 복음을 전하는 데 강력함이 되었음을 변증한다.

4) 신자들이 거짓 가르침에 대항해서 변증(고후 7:11)

> 보라 하나님의 뜻대로 하게 된 이 근심이 너희로 얼마나 간절하게 하며 얼마나 변증하게 하며 얼마나 분하게 하며 얼마나 두렵게 하며 얼마나 사모하게 하며 얼마나 열심 있게 하며 얼마나 벌하게 하였는가 너희가 그 일에 대하여 일체 너희 자신의 깨끗함을 나타내었느니라(고후 7:11).

고린도교회 성도 중 일부는 한 때 바울의 리더쉽을 공격했지만 다른 일부는 바울의 리더쉽을 회복하기 위해서 '변증'했다. 사도행전 18-19장이 이러한 사건을 이해하는 데 도움이 된다. 바울은 고린도에 1년 6개월을 머물면서 교회를 개척했다(행 18:6). 그 후 바울은 에베소에 두 해 동안 머물면서 교회를 세웠다(행 19:10).

에베소에서 사역할 때, 바울은 자신이 개척한 고린도교회를 방문할 계획을 세운다. 바울은 마게도냐와 아가야를 거쳐 예루살렘으로 여행할 것을 계획하면서 디모데를 고린도로 보냈다(행 19:21-22). 바울은 디모데를 통해서 고린도교회가 바울의 반대자에 의해서 어려움을 겪고 있다는 소식을 듣는다. 바울은 고린도교회에 다시 방문했는데, 이 방문은 바울에게 고통스러운 방문이었다(고후 2:1, 5-8; 7:8-13; 11:4).

바울은 그 고통스러운 방문 후, 에베소로 돌아와서 다시 고린도로 가지 않는다(고후 1:23-24). 대신 디도를 통해서 눈물의 편지를 고린도로 먼저 보낸다(고후 2:4).

그의 눈물의 편지는 고린도교회를 근심하게 했다. 그러나 이 눈물의 편지는 단순히 근심만 하게 한 것이 아니라 그들을 회개에 이르게 했다(고후 7:9). 바울은 그의 눈물의 편지가 고린도교회 성도들이 회개에 이르게 했음으로 기뻐했다(고후 7:9). 그들의 회개에 대한 자세한 설명이 고린도후서 7:11에서 **'7가지 반응'**으로 다음과 같이 설명된다.

> 7가지 반응은 "간절하게 하며, 변증하게 하며, 분하게 하며, 두렵게 하며, 사모하게 하며, 열심 있게 하며, 벌하게" 했다.

사도 바울의 눈물의 편지가 고린도교회 성도들을 '변증하게 했는데' 이 문맥에서는 '스스로를 깨끗하게 하였다'(Eagerness to clear yourself, ESV)고 번역할 수 있다.

고린도후서 7:11에서 변증은 잘못된 가르침을 주는 자들로부터 스스로를 깨끗하게 할 수 있도록 대답하는 것이다. 교회에 들어온 잘못된 가르침에 대해서 신자 스스로가 신앙을 지킬 수 있는 대답을 하는 것이 변증이다.

한국교회 성도들은 잘못된 가르침에서 스스로 깨끗하게 할 수 있는 변증을 해야 한다. 초대교회는 이단의 잘못된 가르침에 대항해서 바른 대답을 했다. 초대교회는 이단으로부터 자신을 변증하면서 기독교의 핵심 교리인 삼위일체 교리를 확립할 수 있었다.

결국, 교회에서 하는 성경 공부와 바른 교리 공부는 잘못된 가르침으로부터 성도를 보호하는 변증 사역이 된다. 교회는 성도가 스스로 변증할 수 있도록 적극적으로 제자 훈련과 성경 공부, 경건 훈련을 통해 그들에게 바른 진리를 가르쳐야 한다.

5) 로마 시위대 구금 상태의 변증(빌 1:7)

이들은 내가 복음을 변증(ἀπολογία, Defense)하기 위하여 세우심을 받은 줄 알고 사랑으로 하나(빌 1:7).

내가 너희 무리를 위하여 이와 같이 생각하는 것이 마땅하니 이는 너희가 내 마음에 있음이며 나의 매임과 복음을 변명함(ἀπολογία, Defense)과 확정함에 너희가 다 나와 함께 은혜에 참여한 자가 됨이라(빌 1:16).

로마에 도착한 바울은 2년 동안(61-62년)[27] 미결수로 가택연금 된다. 그가 감옥에 갇힌 것은 복음을 '변명함'(ἀπολογία, Defense) 때문이다(빌 1:7, 16). 바울은 "내가 복음을 변증하기 위하여 세우심"을 받았다고 선언한다(빌 1:16). 바울은 감옥에서 죽을 수도 있음을 직감하면서 그의 부르심이 복음을 변증하는 것이라고 고백한다.

바울은 자신을 경호하는 로마 시위대 병사들에게 복음을 전했고, 가이사의 친위대 병사인 '가이사의 집 사람 중 몇 명'(Those of Caesar's household)을 전도하는 데 성공했다(빌 4:22). 바울이 전도했던 '시위대'의 로마 군인들은 황제를 보호하기 위한 엘리트 집단이었다.

제국의 수도 로마에서 징병 되며 일반 군인보다 높은 임금을 받았고 복무 기간은 16년이다. 3개의 부대는 제국의 수도 로마 내에 주둔하고, 그중 1개 부대는 황제가 거주하는 황제 궁 안에 주둔한다. 한 개의 부대는 480명의 군인으로 구성되어 있다.[28]

---

[27] John W. Mauck, *Paul On Trial The Book Of Acts As A Defense Of Christianity*, 20-21.

[28] C. A. Evans & S. E. Porter Eds., *Dictionary of New Testament background: a compendium of contemporary biblical scholarship* (electronic logos software ed.), 995.

바울이 로마에서 엘리트 군인에게 복음을 전한 이야기는 빌립보교회 성도들이 빌립보 도시에 주둔하는 많은 로마 군인에게 담대하게 복음을 전하게 되는 기회를 제공했다.

6) 질문에 대답하는 변증(벧전 3:15)

> 너희 마음에 그리스도를 주로 삼아 거룩하게 하고 너희 속에 있는 소망에 관한 이유를 묻는 자에게는 대답할 것을 항상 준비하되 온유와 두려움으로 하고 (벧전 3:15).

기독교 변증은 반기독교적 상황에서뿐만 아니라, 기독교에 호감을 느끼는 사람에게도 필요하다. 베드로전서에서 그리스도인은 박해로 각 지역으로 흩어졌지만, 여전히 선을 행하며 믿음을 지키는 삶을 살았다. 그리스도인은 의를 위해서 고난 받는 것을 두려워하지 않고 선을 행했다(벧전 3:13-14).

불신자들은 그리스도인이 고난과 박해 속에서도 믿음을 지키는 것을 보고 의문을 갖기 시작했다. 불신자들은 박해와 어려움 속에서도 그리스도인들이 믿음을 지킬 수 있는 '소망에 관한 이유'가 무엇인지 궁금증을 가지게 되었다.

여기서 그리스도의 변증은 말로만 하는 것이 아니라는 것을 알 수 있다. 변증은 그리스도의 삶을 통해서 할 수 있다. 기독교 역사를 보면 그리스도인들이 고난과 박해 속에서 믿음을 지키는 삶 자체가 강력하게 기독교 진리를 변증했다. 그리스도인은 '소망에 관한 이유'를 묻는 질문을 받을 때, '대답할 것'(ἀπολογία, 변증)을 항상 준비(벧전 3:16)해야 한다. '대답할 것을 항상 준비'하라는 명령형으로 기록되었다. 모든 기독교인은 변증을 준비해야만 한다.

그리스도인은 소망의 이유 되시는 예수님을 불신자들에게 전할 수 있는 준비를 항상 해야 한다. 이러한 측면에서 '변증'은 교회 안에 있는 신자를 위한 '제자 훈련'이며 '전도 훈련'이다. 오늘날 많은 그리스도인은 불신자들이 던지는 '소망에 관한 이유'에 대한 질문에 대답할 준비가 되어 있지 않다. 그리스도인 각자가 복음을 변증할 수 있도록 준비해야 한다. 이러한 맥락에서 예수님께서 말씀하신 "모든 민족을 제자로 삼아"(마 28:19)라는 지상 대사명과 변증은 연결된다.

그러므로 변증할 때에 동반되어야 하는 두 가지 태도는 '온유와 두려움'이다. 변증은 논리로 상대방을 굴복시키는 것이 아니다. 상대방을 존중하며 사랑으로 진리를 전하는 것이다. 비록 수사 기법이나 논리로 불신자들을 제압한다 할지라도, 불신자들이 반드시 진리를 받아들이는 것은 아니다. 믿음은 성령님의 도우심으로 가능함을 항상 인정하고, 하나님을 경외하고 이웃을 사랑하는 마음으로 변증해야 한다.

제2장

변증 설교의 역사성

1. 수사 비평

수사 비평과 그리스-로마 수사학은 그 내용이 방대하다. 이 책에서는 변증 설교의 개념과 켈러의 설교 분석을 이해하는 데 도움이 되는 핵심 부분만을 다루도록 하겠다.

구약 수사 비평의 선구자인 뮐렌부르크(James Muilenburg, 1896-1974)는 1968년 성서학회(Society of Biblical Literature)에서 수사 비평(Rhetorical Criticism)을 양식 비평(Form Criticism)의 대안으로 제시한다. 양식 비평은, 간단하게 정리하면 성경 본문이 형성된 이전 자료들을 연구하여 성경을 해석하려는 시도이다.[1] 반면에 수사 비평이란 주어진 성경 본문에 나타난 고대 수

---

1   독일 구약 신학자 벨 하우젠(Julius Wellhausen, 1844-1918)은 모세 오경을 구성하는 자료들로 J. E. D. P라고 불리는 네 개의 전승이 있다는 가설을 세운다. 이러한 전승 자료들은 B.C. 8세기부터 5세기 사이에 각 시대와 문화 속에서 독특한 문체를 가진 것으로 가정하고 각 전승 자료들을 사용하여 성경의 의미를 찾는다. 이러한 양식 비평은 성경 본문을 새롭게 해석하는 장을 열었으나 오경이 모세가 단일한 주제로 일관되게 기록된 하나님의 말씀이라는 전제를 부인한다. 또한, 양식 비평이 분류하는 전승들(J, E, D, P)은 가설일 뿐, 그 문서들의 존재에 대한 역사적 증거가 없으며, 그 분류 기준 또한 학자들마다

사적 요소를 찾는 것이다. 수사 비평의 선구자인 케네디(G. A. Kennedy)는 수사 비평을 다음과 같이 정의한다.

> 오늘날의 독자들이 현재 가지고 있는 본문을 취해서(Take the text as we have it), 그 본문에 나타난 고대 수사학적 요소들을 가지고 본문에 담긴 저자의 의도와 의미를 효과적으로 파악하는 것이다.[2]

수사 비평에서 중요한 것은 최종적으로 우리에게 주어진 본문의 권위 아래서 고대 수사적 요소를 찾음으로써 저자가 청중에게 전달하고자 하는 메시지와 청중이 그 메시지에 어떻게 반응했는지를 밝히는 것이다.[3]

고대 수사를 통한 성경의 해석은 1세기에 사용되었던 수사적 요소와 장치가 성경 본문에서 발견되면서 시작되었다. 해돈 로빈슨은 강해 설교를 정의하면서 본문을 '역사적, 문법적, 그리고 문학적으로 연구하여' 메시지를 찾아내는 것을 이야기한다. 수사 비평은 본문에 나타난 문학 장르와 장치들을 통해서 저자의 의도를 파악하려는 시도이다.

성경은 역사서, 시, 잠언, 전기, 서신서, 묵시 등과 같은 다양한 문학 장르로 기록되어 있다. 이러한 장르는 족보, 족장들의 이야기, 왕들의 이야기, 법적 문제, 예언, 기도문, 찬송, 교훈, 그리고 경고문과 같은 다양한, 더 작은 장르를 포함하고 있다.[4] 『본문이 이끄는 설교』(*Text-Driven Preaching*)에서

불분명하기 때문에 21세기에 들어서는 그 연구가 급격하게 쇠퇴하고 있다.

[2] George A. Kennedy, *New Testament Interpretation Through Rhetorical Criticism* (Chapel Hill: University of North Carolina Press, 1984), 4.

[3] 케네디 수사 비평 방법은 ① 수사 단위를 결정, ② 수사 상황을 결정, ③ 수사 문제를 확인, ④ 수사 배열 확인, ⑤ 수사 단위를 평가이다. R. Dean Anderson Jr., *Ancient rhetorical theory and Paul* Rev. ed. (Netherlands: Peeters, 1999), 18, 28.

[4] Robert Vogel, "Biblical Genres and the Text-Driven Sermon" in *Text-Driven Preaching: God's Word at the Heart of Every Sermon*, 178.

토마스 롱(Thomas G. Long)은 본문이 어떤 문학 장르와 형식으로 기록되었는가를 알면 독자들이 본문의 의미와 메시지를 발견하는 데 도움이 된다고 했다. 그는 본문에 나타난 문학 장르를 파악하기 위해서 4가지 질문을 이야기하는데, 그중 3가지를 소개하면 다음과 같다.[5]

① 본문의 장르(The genre of the text)는 무엇인가?
② 본문의 장르에서 나타나는 수사적인 기능(The rhetorical function)은 무엇인가?
③ 본문의 장르에서 문학적인 장치들(Literary devices)이 각 장르 안에서 어떤 수사적 효과(Rhetorical effect)를 나타내고 있는가?

케네디는 B.C. 4세기에서 A.D. 1세기에 성행했던 고대 수사학의 종류 3가지를 소개한다.

① 법적 수사(Forensic speech).
② 권고적 수사(Deliberation speech).
③ 평가적 수사(Epideictic speech).

법적 수사는 법정에서 사용하는 수사학으로 과거에 일어난 사건에 대해 옳고 그름을 주장한다. 사도행전 22-26장에서 바울은 법적 수사를 사용하여 자신을 변증한다. 이때 바울이 자신의 믿음을 방어하고 유대인들의 고소에 대답하는 변증의 실례는 이미 제1장 "'변증 설교'의 성경적 근거"에서 보여 주었다.

---

5 위의 책, 178.

권고적 수사는 의회 토론에서 사용된다. 주로 미래의 행동 또는 믿음을 변화시키는 데 사용되는데, 예수님의 산상수훈(마 5-7장)이 여기에 속한다. 평가적 수사(Epideictic)는 장례식, 결혼식 등 예식장에서 사용되는 칭찬과 비난의 수사학이다.[6] 예수님의 다락방 강화(요 13-17장)를 평가적 수사로 볼 수 있다.

<표 5> 고대 수사의 종류

스타일	주용 내용	장소
법적 수사	과거 사건에 대한 옳고 그름	재판 장소, 법정
권고적 수사	미래 사건에 대한 설득과 조언	의회, 대중 집회
평가적 수사	현재 사건에 대한 찬양과 비난	공공 의식

성경 본문에 이러한 고대 수사의 문체가 나타난다. 그러나 고대 수사학 구조에 서신서들과 복음서를 억지로 가두려는 시도는 경계해야 한다. 성경의 몇몇 본문이 1세기 법적 수사의 흐름을 따르고 있지만, 모든 본문을 1세기 수사의 틀로 분석하는 것은 무리한 시도이다. 예를 들면, 수사 비평의 선구자인 베츠(H. D. Betz)는 갈라디아서를 법정 수사로 보고 해석하지만, 다른 학자는 '권고적 수사'로 해석한다. 이러한 상이한 해석은 본문의 저자가 과연 특정한 수사적 의도를 가졌는지에 대한 의문을 갖게 한다.

또한, 고대 수사와 설교는 차이점이 있다. 수사의 목적은 논리와 내적, 외적 증거를 가지고 상대방을 설득하는 것이다. 그러나 설교는 설득의 요소를 넘어서, 성경 본문에 나타난 하나님의 말씀을 선포하는 것이다. 그러

6　Margaret Mary Mitchell, *Paul and the Rhetoric of Reconciliation: An Exegetical Investigation of the Language and Composition of 1 Corinthians* (Louisvillw: Westminster John Knox Press, 1991), 79.

므로 수사와 성경을 연결하여 해석하는 시도는 성경 본문에서 1세기 수사 장치가 드러나는 범주 안에서 연구되어야 한다.

2. 그리스-로마 수사학

소크라테스(Socrates, B.C. 436-338)는 수사의 삼대 요소인 논거 발견(Invention), 논거 배열(Arrangement), 그리고 논거 전달(Style)에 대한 기틀을 만들었다.[7] 그의 제자 플라톤(Platon, B.C. 470-399)도 질문과 대답 형식으로 상대방을 설득하는 변증적 수사학을 발전시켰다. 플라톤의 제자였던 아리스토텔레스(Aristotle, B.C. 384-322)는 수사를 변증적 대화와 구별하고『수사학』(Art of Rhetoric)을 기록하면서 그리스-로마 수사학 체계를 만들었다.

이러한 아리스토텔레스의 수사학은 키케로(Cicero, B.C. 106-43)와 퀸틴리안(Quintilian, A.D. 35-95)에 의해서 'A.D. 1세기'에 꽃을 피우게 된다. 이 기간 동안 수사학은 학교에서 가르쳐졌다. 안내서(Handbook)들이 저술되면서 수사적 구조가 정립되고 수사 요소들이 발전하였다.[8]

고대 그리스 수사학 변증학자인 아리스토텔레스는 모든 연설은 서론(Introduction), 진술부(The statement of the issue), 논쟁부(Argument), 결론(Conclusion)의 4단계를 가진다고 했다. 그는 또한 이러한 각 단계마다 효과적인 설득을 위해서 로고스(Logos), 파토스(Pathos), 에토스(Ethos)를 가져야 한다고 했다.[9]

첫째, 로고스는 연설가가 전달하고자 하는 내용이다. 또한, 내용을 전달

---

[7] Stamps, D. L. Rhetoric In *Dictionary of New Testament background: A compendium of contemporary biblical scholarship* (Downers Grove: IVP. 2000), 954.

[8] George A. Kennedy, *Classical Rhetoric and Its Christian and Secular Tradition from Ancient to Modern Times*, 98.

[9] Patricia Bizzell and Bruce Herberg, *The Rhetorical Tradition*, 146.

하는 삼단논법, 귀납법, 연역법과 같은 논리적인 방법을 말한다.

둘째, 파토스는 마음과 감정의 변화이다. 화자와 청중이 연설을 통해 마음에 감동하고, 감정적인 동의를 일으키는 것이다.

셋째, 에토스는 화자의 인격이다. 연설하는 사람은 도덕적, 윤리적으로 신뢰할 수 있는 사람이어야 한다. 청중이 연설가의 인격을 신뢰할 수 있다면, 더 효과적으로 연설가의 말에 동의할 수 있다.

브라이언 채플(Bryan Chapell)은 아리스토텔레스가 말한 1세기 수사학을 데살로니가전서 1:5에서 발견할 수 있다고 주장한다. 우리의 복음이 "말로만 이른 것이 아니라"(로고스), "능력과 성령과 큰 확신으로 된 것"(파토스) 그리고 "어떤 사람이 된 것은 너희가 아는바"(에토스)라고 설교한 점을 지적했다.[10]

키케로는 서론, 사건의 진술(The narration of the fact of the case), 입장의 진술(The statement of position), 반박, 결론으로 좀 더 세분화한다.[11]

퀸틸리안은 6단계 수사 배열을 제시하는데, 특히 법적인 수사에 확연하게 드러난다고 주장한다.[12]

① 서론(*Exordium*)은 연설가의 인격과 주요 주제에 대한 언급한다.

② 진술부(*Narratio*)에서는 변증을 위해서 미리 알아야 하는 배경 정보와 사건의 문제(Problem)를 이야기한다.

③ 분할(*Propositio*)은 사실을 설명하기 전에 연설의 전개 방식을 먼저 청중에게 알려줌으로써 연설에 대한 이해와 집중을 높인다.

④ 주장(*Probatio*)은 연설자가 주장하는 논리를 설명하고 증거를 제시한다.

⑤ 반박(*Refutatio*)은 반대자의 주장에 대한 약점을 지적하고 보완함으로 보

---

[10] Bryan Chapell, *Christ-Centered Preaching*, 34-35.

[11] 위의 책, 5-6.

[12] Quintilian, *The Institutio Oratoria of Quintilian with English transration*, 515.

다 설득력 있는 연설을 한다.

⑥ 결론(Peroratio)은 연설 내용을 요약 마무리한다.[13]

이러한 수사 배열을 성경 본문에서 찾는다면 당시 청중에게 전달하려는 메시지가 무엇이며, 어떻게 메시지를 전달하는지를 파악하는 데 도움을 받을 수 있다. 제1장에서 퀸틸리안의 수사법이 바울의 변증 설교에서 나타나고 있음을 <표 2>를 통해서 이미 살펴보았다.

<표 6> 퀸틸리안 수사 연설 흐름

번호	흐름	내용
1	서론	화자 소개 및 주제 언급
2	진술부	사건에 주요 핵심 주제와 배경 설명
3	분할	연설의 개요를 미리 설명
4	주장	자신의 주장 증명 단계
5	반박	상대방의 주장 반박 단계
6	결론	연설 요약 및 정당성 주장

---

[13] G. Walter Hansen, "RHETORICAL CRITICISM," *Dictionary of the later New Testament and its developments*, 823.

3. 변증 설교자

기독교 변증 역사는 하나님의 존재를 증명함에 있어서 이성과 믿음의 역할을 어떻게 보느냐의 역사이다. 기독교 변증의 초석을 놓고 믿음을 강조한 교부 시대 어거스틴, 이성으로 하나님의 존재를 증명하려 했던 중세 시대를 대표하는 토마스 아퀴나스, 그리고 종교개혁 시대를 대표하는 칼빈은 믿음과 이성의 관계를 어떻게 보았는지 간단하게 살펴보자.

1) 어거스틴

어거스틴(Aurelius Augustine, 345-430 A.D.)은 기독교를 변증하면서 처음으로 '믿음'과 '이성'을 구분하기 시작했다. 어거스틴은 '믿음'이 먼저이고 '이성'은 믿음 이후에 바른 작동이 가능하다고 보았다. 먼저 믿음으로 받아들인 후, 이성은 믿음의 교리를 확증하고 설명할 수 있다고 했다.[14] 콘스탄티누스 칙령(313 A.D.)으로 기독교가 로마에서 공식적으로 인정을 받고, 카르타고 회의(397 A.D.)에서 신약성경 27권이 확정되면서 기독교는 안정된 모습을 갖추기 시작했다.

이러한 시기에 어거스틴은 기독교 신앙의 정수인 '오직 은혜로 구원을 받음,' '하나님의 주권,' '인간의 전적인 타락'을 그의 『고백록』(The Confessions)에서 나타냈다. 그는 『자유 의지에 대하여』(On the Freedom of the Will)에서 영국 수도승 펠라기우스(Pelagius)의 "인간이 죄를 짓지 않을 자유가 있다"라는 주장과 "인간이 하나님과 협력해서 구원을 이룬다"라는 주장에 반하여, 구원에 있어서 하나님의 주권과 믿음의 가능성도 하나님의 선물임을

---

[14] R. C. Sproul and 2 other, *Classical Apologetics: A Rational Defense of the Christian Faith and a Critique of Presuppositional Apologetics* (Grand Rapids: Zonvervan 1984), 189.

주장했다.¹⁵ 오직 믿음으로 구원을 받을 수 있음은 종교개혁과 성경의 권위를 믿음으로 받아들이는 현대 복음주의 신학에 뿌리를 제공했다.

어거스틴은 하나님의 존재는 오직 성경의 권위를 믿게 될 때만 알 수 있게 된다고 주장한다. 그는 이사야 7:9인 "만약 너희가 굳게 믿지 아니하면 너희는 굳게 서지 못하리라"는 말씀을 인용하면서 "믿기 위해서 이해를 추구하지 말고, 믿음을 추구하면 하나님께서 이해할 수 있게 하신다"(Do not seek to understand in order to believe, but believe that thou mayest understand)¹⁶라고 설교했다.

성경의 권위는 이성으로 이해되어서 믿는 것이 아니라, 오직 하나님의 조명하심을 통해서 알 수 있다고 주장했다. 어거스틴에 의해서 구별된 이성과 믿음의 구도는 중세, 종교개혁, 그리고 현대 변증학까지 영향을 미치고 있다.

그는 수사의 법칙(The rules of eloquence) 자체를 연구하는 것보다는 좋은 수사적 글을 읽고 들음을 통해서 수사를 배운다고 했다. 어거스틴은 설교자에게 있어서 최고의 수사는 성경 본문 그 자체로 보았다. 그러므로 설교자가 수사적 기술에 약하면 약할수록 성경 본문을 더 암송하고 그대로 설교하는 것이 필요하다고 했다. 어거스틴은 "성경 저자들보다 더 지혜로운 사람이 없으며, 그들보다 더 웅변술이 뛰어난 사람들이 없다"¹⁷라고 했다.

어거스틴은 이미 17세에 카르타고에서 수사학을 배웠고, 로마 밀라노의 공립학교에서 수사학 교수직을 얻어서 386년까지 가르쳤다.¹⁸ 어거스틴은 그리스도교로 회심하고 성경 연구에 몰두한 후, 『기독교 교양』(De Doctrina

---

15 William Edgar and K. Scott Oliphint eds, *Christian Apologetics Past and Present*, 203.

16 Kenneth Boa and Robert M. Bowman Jr., *Faith Has Its Reasons: Integrative Approaches to Defending the Christian Faith* 2nd. ed. (IVP, 2005), 31.

17 위의 책, 123.

18 S. Augustine, "The Story of His life," *Preaching and Teaching according to S. Augustine* ed. the bishop of birmingham (London: Oxford, 1907), 11.

Christiana)을 저술한다. 이 책에서 성경을 어떻게 해석하고 전달해야 하는지를 다루고 있다. 『기독교 교양』 1권은 성경 해석이 "발견의 과정"(The process of discovering)과 "전달의 과정"(The process of presenting) 두 가지에 의존한다고 언급한다.[19]

그는 성경으로부터 진리를 발견하는 과정에 대해서 1권부터 3권 중반부에 기록하였다(396-7 A.D.). 그는 진리를 발견하기 위해서는 사물과 그 사물을 표현하는 "부호"(Sign)를 바로 알아야 한다고 주장한다. 사물은 부호를 통해서 표현되는데, 가장 대표적인 부호는 "언어"이다. 그는 성경을 바로 알기 위해서 모르는 부호를 제거해야 하는데, 이를 위해서는 헬라어, 히브리어, 라틴어에 대해서 알아야 함을 2권에서 강조한다.[20]

어거스틴은 30년 이상의 가르침과 기독교 연구를 통해서 『기독교 교양』 3권 후반부와 4권을(426 A.D.) 그가 죽기 3-4년 전에 완성한다. 고대 수사학자인 키케로와 퀸틸리안에게 영향을 받은 『기독교 교양』 4권에서 그는 발견한 진리를 효과적으로 전달하는 방법을 설명하면서 설교를 단순한 선포가 아니라 청중에게 효과적으로 전달되어야 함을 강조한다.

그는 키케로가 말한 웅변가의 세 가지 핵심 요소인 '가르침'(Teaches), '기쁨'(Delights), 그리고 '움직임'(Moves)을 설교자에게 적용하였다.[21] 그러면서도 그는 키케로의 수사학을 그대로 모방하지는 않았다. 설교자에게 가장 중요한 것은 가르침이며, 가르침의 방향은 청중에게 기쁨을 주며, 그들의 삶을 움직이는 방식으로 변증해야 함을 주장한다. 설교자에게 가르치는 내용

---

19 Saint Augustine, *On Christian Teaching, Translated with Introduction and Notes by R. P. H. Green* (New York: Oxford university press, 1997), 8.

20 Sanit Augustine, *On Christian Doctrine* Trans, *D. W. Robertson* (New York: The Bobbs-Merrill Company, 1958). no. 2. 43-44.

21 Cicero, *De Oratore III: With an English transration by E. W Suttonm* vol. 3, (London: Harvard Unviversty Press, 1967), 21, 69.

은 성경의 진리가 되어야 하며, 이러한 진리가 청중에게 기쁨과 삶의 변화를 이끌어 내는 가르침이 되어야 함을 이야기했다.

2019년 분당우리교회 이찬수 목사는[22] 그의 설교를 통해서 청중 가운데 꾸준한 운동을 일으키고 있다. 그는 설교를 통해서 "감사노트 쓰기 운동," "기도 운동," "금식 운동," "드라마 바이블 듣기 운동"을 일으키고 있다. 강력한 설교는 청중 가운데 움직임을 일으킨다. 더 강력할 경우 사회 운동으로까지 발전한다.

중세 종교개혁 운동은 마틴 루터와 칼빈의 설교에서 시작되었다. 미국의 제1, 2, 3차 대각성 운동도 조나단 에드워즈 같은 설교자들이 그 중심에 있었다.

어거스틴은 마지막 교부 시대를 살았고, 서방 로마가 최종적으로 멸망한 때를 살아간 기독교 변증가였다. 당시 서방 로마가 멸망할 때, 기독교의 하나님은 그의 백성을 보호하지 않는다는 질문이 제기되었다. 어거스틴은 이러한 질문에 대답하기 위해서 10년에 걸쳐서 그의 대표작 『하나님의 도성』(The City of God)을 저술했다.

로마가 고트족(Goths)에 침략당하는 상황에서 그리스도인은 세상 정치적 제국에 소망을 두지 말고, 영원한 하늘의 도성에 소망을 두고 이 땅을 살아가야 함을 주장했다. 하나님의 도성은 결국에 승리하며, 이 땅의 도성은 결국 멸망한다고 주장했다.

---

[22] 이찬수 목사는 에토스(윤리), 파토스(열정)가 강한 설교를 한다. 자신이 설교한 말씀을 따라 살고자 하는 그의 에토스(윤리적 삶)와 하나님의 말씀을 청중에게 바르게 전하고자 몸부림치는 그의 파토스(열정)는 그가 전하는 메시지에 신뢰성을 준다. 최근 1-2년 사이에 이찬수 목사는 로고스(성경 본문)를 강화하는 설교를 하고 있는 것으로 파악된다. 2019년 매주 유튜브에 업로드되는 그의 설교는 10만 명 이상의 조회수를 기록하고 있다.

2) 토마스 아퀴나스

토마스 아퀴나스(Thomas Aquinas, 1225-1274 A.D.)는 중세 시대를 대표하는 변증가다. 중세 시대는 스콜라철학(Scholasticism)이 번성했다. 스콜라(Schola)는 라틴어로 학문을 연구하는 기관이다. 이런 스콜라들은 대부분은 가톨릭 사원과 수도원에 부속되어 있었다. 그러므로 중세 시대의 철학은 신학의 범주 속에 포함되어 있었다. 중세 시대의 철학은 신학을 뒷받침하고 증명하는 데 사용되었다.

토마스 아퀴나스는 이슬람 문화권에서 아리스토텔레스 철학 사상을 접하고, 아리스토텔레스의 사상을 사용해서 하나님의 존재를 증명하려고 시도했다. 아리스토텔레스(Aristotle, 384-322 B.C.)는 철학자이자 과학자였다. 그는 플라톤학교(Platonic Academy, 387 B.C.)에서 17세까지 수학하며, 자연현상을 관찰했다.

아리스토텔레스는 물리학, 생물학, 논리, 형이상학, 동물생체 등 서양철학에 초석을 놓은 인물이다. 그는 놀랍게도 형이상학을 설명하면서 자연관찰을 기반으로 4원인설(The four causes)을 주장했다. 그는 운동과 변화에는 질료인(Material cause), 동력인(Moving or efficient cause), 형상인(Formal cause), 그리고 목적인(Final cause) 등 4가지 원인이 있다고 주장했다.[23]

토마스 아퀴나스는 아리스토텔레스의 '4원인설'을 차용하여 신존재증명 5가지 방법(The Five Ways)을 주장했다. 신존재증명 5가지 방법을 간단하게 살펴보겠다.

첫째, 사물의 움직임(Motion)과 변화(Change)이다.

사물이 움직이고 변화하는데에는 그 원인(Cause)이 있어야 한다. 다른 사

---

[23] F. L. Cross, and E. A. Livingstone, *In The Oxford dictionary of the Christian Church* 3rd ed. (Oxford; New York: Oxford University Press), 630.

물들을 움직이지만 자신은 움직임을 받지 않는 존재(Unmoved mover)를 신이라고 본다.

둘째, 제일 원인(First-Cause)이다.

모든 사물은 원인이 있기 때문에 그 결과로 존재한다. 이러한 원인과 결과를 계속 추적하면 첫 번째 원인을 필요하게 된다. 그 존재를 신으로 본다.

셋째, 우연적 존재들(Contingent beings)과 필연적인 존재(Necessary being)이다.

우연적인 존재는 그 존재가 다른 사물에 의존하며, 존재 할 수도 있고 그렇지 않을 수도 있다. 그러나 필연적인 존재는 다른 사물에 의존하지 않으면서 필연적으로 존재해야 한다. 이러한 존재를 신으로 본다.

넷째, 가치의 등급(Degrees of value)과 절대가치(Absolute value)이다.

자연질서에는 다른 사물보다 더 선하거나 아름다운 가치가 존재한다. 이러한 가치의 등급을 매긴다는 것은 결국 그 기준이 되는 절대가치를 필요로 한다. 절대가치를 신의 존재로 본다.

다섯째, 목적성(Purposiveness)이다.

자연 세계에 존재하는 것들은 그냥 존재하는 것이 아니다. 그 목적을 가지고 있다. 그 목적성은 그 목적을 부여한 존재를 필요로 한다. 그 존재를 신으로 본다.[24]

아퀴나스는 하나님의 창조와 그 목적을 따라 살 때만 인간은 진정한 평안을 누리고 살 수 있다고 변증하였다. 아퀴나스는 『신학대전』(Summa Theologiae, Summa Theologiae)을 통해서 중세 시대의 신학 지식을 집대성했다. 오늘날로 말하면 방대한 신학 백과사전을 저술한 셈이다. 아퀴나스가 이성, 과학, 논리, 역사적 사실을 근거로 하여 하나님의 존재를 증명하려는 기독교 변증은 이성을 강조한 C. S. 루이스(Lewis, 1898-1963)와 종교철학적 인과관

---

[24] Alister E. Mcgrath, *Christian Theology: An Introduction*, 50.

계를 강조하는 노만 가이슬러(Norman L. Geisler), 그리고 우주론적 논쟁(Cosmological argument)과 과학적인 측면에서 하나님의 존재를 변증하는 윌리엄 레인 크레이그(William Lane Craig)를 통해서 지속적으로 발전되고 있다.[25]

3) 존 칼빈

칼빈(John Calvin. 1509-1564 A.D.)은 기독교 역사에 있어서 어거스틴과 토마스 아퀴나스 이후로 가장 영향력 있는 신학자이다.[26] 그 이유는 칼빈의 영향을 받은 사람들에 의해서 칼빈주의가 생성되었고, 이 칼빈주의는 초기 개혁 신학(Reformed Theology)[27]을 형성하는 데 가장 큰 영향을 주었기 때문이다. 개혁주의 변증학은 계시된 성경에 최고의 권위를 둔다. 개혁주의 변증학은 성경의 권위 안에서 변증한다.

1929년 프린스턴신학교에서 웨스트민스터신학교가 분리된 것은 계시를 이성보다 더 위에 놓는 개혁주의 신학을 고수하기 위함이였다. 웨스트

---

[25] Kenneth Boa and Robert M. Bowman Jr., *Faith Has Its Reasons,* 74-83.

[26] William Edgar and K. Scott Oliphint, *Christian Apologetics Past and Present,* vol. 1, 37.

[27] '개혁 신학'이란 개혁교회의 신조들, 예를 들면, 하이델베르크 신조(the Heidelberg Catechism, 1563), 도르트 신조(the Canons of the Synod of Dort, 1619), 웨스트민스터 신앙과 신조(Westminster Confession of Faith and Catechisms, 1647)를 따르며, 개혁교회를 인도했던 신학자들 예를 들면, 쯔빙글리(Ulrich Zwingli), 존 칼빈(John Calvin) 그리고 데오도르 베자(Theodore Beza)와 그다음 세대인 프란시스 튜레틴(Francis Turretin, 1623-1687)과 조나단 에드워즈(Jonathan Edwards, 1703-58)와 아브라함 카이퍼(Abraham Kuyper, 1837-1920), 프린스턴신학교에서 계시 아래에 이성을 놓았던 신학 교수 찰스 하지(Charles Hodge)와 워필드(B. B. Warfield)를 통해서 유지되고 있다. 1929년 프린스턴신학교에서 웨스트민스터신학교가 분리된 것은 계시를 이성보다 더 위에 놓는 개혁주의 신학을 고수하기 위해서였다. 웨스트민스터신학교를 세우는 데 주도적인 역할을 했던 메이천(J. Gresham Machen)에게 배우고, 써던침례신학교에서 신학 박사학위를 취득한 박형룡 박사를 통해서 칼빈의 개혁주의 신학이 한국의 고려신학교, 총신대학교로 흘러들어갔다. S. B. Ferguson & J. I. Packer In *New dictionary of theology,* electronic ed. (Downers: IVP, 2000). 221.

민스터신학교를 세우는 데 주도적인 역할을 했던 메이천(J. Gresham Machen)에게 배우고, 써던침례신학교에서 신학 박사학위를 취득한 박형룡 박사를 통해서 칼빈의 개혁주의 신학이 한국의 고려신학교, 총신대학교로 흘러들어 갔다.

칼빈은 『기독교 강요』에서 '하나님의 계시,' '인간의 전적인 타락,' '오직 은혜로 구원,' '하나님의 예정' 등에 대해서 기록했다. 칼빈은 『기독교 강요』 2권 2장에서 자유의지와 타락한 인간의 이해력에 대해서 다음과 같이 다루고 있다.

> 우리의 이성은 수많은 형태의 속임수를 드러내며, 수많은 오류들, 장애물에 넘어지므로 우리의 이성은 바른 방향에 벗어나서 방황한다.[28]

인간의 이성이 죄성으로 오염되었기 때문에, 이성만을 가지고 하나님을 이해할 수 없다. 이방 종교철학으로 성경에 계시된 하나님의 존재에 다가갈 수는 있지만 그것을 왜곡되게 이해하게 된다. 그러므로 인간이 하나님을 올바로 알고 믿을 수 있는 방법은 오직 성경을 통해서이다. 성경을 성령님께서 깨닫게 해주실 때에만 하나님을 알게 되고 믿게 된다.[29]

칼빈에게 이성은 성경을 하나님의 말씀으로 인정하게 한다. 이성이 이러한 역할을 할 수 있는 것은 성령님의 도움을 통해서만 가능하다. 칼빈에게 이성이란 믿음의 내용을 확인하는 것이다. 이성은 믿는 것을 증명하는 도구이다.

칼빈은 어거스틴처럼 이성으로 믿음을 증명하는 것을 부인하지는 않았

---

[28] John Calvin, *Institutes of the Christian religion* translated by Henry Beverdge, vol. 1. (Edinburgh: The Calvin Translation Society, 1846), 328.

[29] Kenneth Boa and Robert M. Bowman Jr., *Faith Has Its Reasons*, 36.

다. 칼빈은 이성을 통해서 성경의 권위와 믿음을 증명하는 시도는 해야 하지만 성경의 권위를 확신하고 최종적으로 믿게 되는 것은 이성적인 증명 그 자체가 아니라 성령님의 도우심이라고 주장한다.

성령의 증거는 모든 이성보다 더 뛰어나다.
(The testimony of the Spirit is more excellent than all reason, *Inst.* 1.7.4).

이러한 칼빈의 신학은 코넬리우스 반틸(Cornelius VanTil, 1895-1987)에 의해서 전제주의 변증학(Presupposition Apologetics)으로 발전했다. 반틸은 웨스트민스터신학교에서 43년 동안 조직신학과 변증학을 가르쳤다. 그는 오직 기독교 세계관일 때에만 이성적, 도덕적으로 삶에 진정한 의미가 부여된다는 전제주의 변증학을 발전시켰다.

제3장

켈러의 변증 설교 분석

1. 21세기 변증 설교자 팀 켈러

필자는 성경적 근거를 가진 변증 설교를 21세기에 잘 보여 주는 모델로 팀 켈러를 선정했다. 「뉴스위크」는 켈러를 "21세기의 C. S. 루이스"(C. S. Lewis for the twenty-first century)로 부른다.[1] 켈러는 뉴욕 맨해튼 한복판에서 교회를 개척해서 현재까지 수많은 젊은이들에게 효과적으로 복음을 전했다. 켈러는 뉴욕에 많은 젊은 세대가 던지는 질문에 답변하는 변증 설교를 하면서 다음과 같이 말했다.

> 약간의 의심도 없는 믿음은 마치 인간의 육체 속에 어떤 항체 기능도 없는 것과 같다(A faith without some doubts is like a human body without any antibodies in it).[2]

---

[1] Lisa Miller, "The Smart Shepherd," *Newsweek,* 2 February, 2008.

[2] Timothy Keller, *The reason for God* (New York: The Penguin Group, 2008), 16.

켈러가 28년 전에 뉴욕 맨해튼에 교회를 개척할 당시, 대부분의 뉴욕 시민들은 비기독교 가정에서 자라났다. 뉴욕은 절대 진리를 외치는 교회에게 "회의적, 비판적 그리고 냉소적인 도시"(The land of skeptics, critics, and cynics)였다.³

1989년 켈러는 뉴욕 맨해튼에서 15명의 성도와 함께 리디머교회(Redeemer Presbyterian Church)를 개척했다. 28년간 켈러는 변증 설교를 통해 뉴욕에 거주하는 지식인, 전문직 종사자들 및 젊은이들에게 복음을 전했고, 2007년 리디머교회는 여러 캠퍼스에서 매주 5,000명 이상의 교인이 예배를 드리는 교회로 발전했다. 특히, 리디머교회는 30대가 주류를 이루고 있으며, 회중의 2/3 이상의 싱글(single) 젊은이들에게 복음을 효과적으로 전하는 교회이다.⁴ 2017년 7월 켈러 목사는 리디머교회 담임목사직에서 은퇴했다.

켈러가 28년간 뉴욕에서 목회 활동을 하면서 뉴욕 시에 사는 사람들에게 공통적으로 받아온 믿음에 대한 질문들을 바탕으로 저술한 『하나님을 말하다』(The Reason for God)⁵는 「뉴욕 타임즈」 베스트셀러에 오르면서 북미에서 100만 권 이상 판매되었고 전 세계 15개 언어로 번역되었다.⁶

2005년 켈러는 자신이 변증 설교를 통해서 뉴욕이라는 대도시에서 포스트모던 젊은 세대에게 복음을 전한 경험을 바탕으로 전 세계 대도시에 복음을 전하기 위해서 교회 개척 센터인 "리디머 시티 투 시티"(Redeemer City to City)를 만들었다. 켈러는 이 단체를 통해 현재 48개 도시에 150개의 교

---

3 Timothy Keller, *Reason for God*, 13.

4 위의 책, 14.

5 2017년 6월 두란노출판사에서 팀 켈러, 『하나님을 말하다』로 번역 출간되었다. 최근 5년 동안 두란노출판사는 한국교회에 켈러의 다수의 책들을 소개하는 문서선교를 감당하고 있다. '복음'과 '은혜'를 21세기 청중에게 가장 현실감 있고 강력하게 전달하는 켈러의 책을 통해서 한국교회 강단이 정화되고 건강해질 것으로 필자는 확신한다.

6 온라인 자료; http://www.timothykeller.com/author, 2015.10.1. 접속.

회를 설립했다.⁷

켈러는 버크넬대학교(B.A., 1972)와 고든콘웰신학교(M.Div., 1975)를 졸업하고 웨스트민스터신학교에서 목회학 박사(D.Min., 1981) 학위를 받았다. 미국장로교단(PCA)에서 안수를 받고 9년간 웨스트호프웰교회(West Hopewell Presbyterian Church, Virginia)에서 교회 개척 담당 협동목사로 섬겼다. 그 후 필라델피아 웨스트민스터신학교에서 실천신학 교수로 사역하다가 1989년 뉴욕에 리디머교회(Redeemer Presbyterian Church)를 개척하여 2017년 은퇴하기 까지 28년 동안 건강하게 목회했다.

2. 켈러의 변증 설교를 위한 6가지 건강한 실천 요소들

켈러는 2015년 6월 『설교』(*Preaching*)를 출간했다. 그는 이 책에서 기독교 진리에 회의적인 사람들을 향해 어떻게 성경의 진리를 설교해야 하는지 소개한다. 특히, 4장 "그리스도를 문화에 설교하라"(Preaching Christ to the Culture)는 설교자가 반기독문화(Anti-Christian Culture) 속에서 어떻게 효과적으로 복음을 변증하며 설교할 수 있는지 '6가지 건강한 실천 요소들'(Lay out Six Sound Practices)⁸을 통해서 소개했다.

필자는 이미 제1장에서 사도행전 22장 바울의 법적 변증 본문에서 켈러가 제시하는 '6가지 건강한 실천 요소들'이 드러나고 있음을 제시했다.

---

7   http://www.redeemer.com/renew/city_to_city, 2015.10.1. 접속.

8   Timothy Keller, *Preaching*, 103.

<표 7> 변증 설교를 위한 '6가지 건강한 실천 요소들'

번호	흐름	내용
1	친숙함	사용 가능한 혹은 청중에게 잘 설명된 단어를 사용하라 (Use accessible or well-explained vocabulary)
2	권위 존중	설교 강화를 위해 청중이 권위를 두는 가치를 존중하라 (Employ Respected Authorities to Strengthen Your Theses)
3	의심과 반대	의심과 반대 의견을 이해하고 있음을 보여 주라 (Demonstrate an understanding of doubts and objectives)
4	주장	문화 담론의 기준선을 도전하기 위해서 확인하라 (Affirm in order to challenge baseline culture narrative)
5	반박	복음으로 문화의 압박점들을 제압하라 (Gospel offers that push on the culture's pressure points)
6	결론	복음의 삶으로 초대하라 (Call for gospel motivation)

켈러가 제시한 변증 설교를 위한 6가지 건강한 실천 요소들은 그가 독창적으로 만들어 낸 것은 아니다. 그리스-로마 수사학에서 살펴보았듯이 아리스토텔레스(Aristotle), 키케로(Cicero), 퀸틸리안(Quintilian) 등이 켈러와 유사한 요소들을 이미 말했다.[9]

---

[9] 아리스토텔레스는 서론(Introduction), 진술부(The statement of the issue), 논쟁부(Argument), 결론(Conclusion)의 4단계를 제시했다. 그는 또한 이러한 각 단계마다 효과적인 설득을 위해서는 로고스(Logos), 파토스(Pathos), 에토스(Ethos)를 가져야 한다고 했다.

켈러는 강해 설교 작성 매뉴얼에서 '메타 아웃라인'(Metaoutline)을 제시하며 다음과 같이 말한다.

> 나는 '메타 아웃라인'을 내가 설교하는 모든 설교에 나타나는 복음의 깊은 패턴이라고 생각한다(I think of it as the metaoutline, the deep Gospel pattern, of every sermon I preach).[10]

메타 아웃라인과 변증 설교를 위한 '6가지 건강한 실천 요소들'은 현실의 질문을 제시하고, 그 질문에 "예수 그리스도가 어떻게 대답이 되는가?" 라는 측면에서 동일한 흐름을 보인다. 켈러는 바울의 아레오바고(Areopagus) 설교(행 17:16-34)에서 변증 설교의 6가지 요소들을 발견할 수 있다고 주장한다. 변증 설교의 6가지 요소들은 크게 두 가지로 나눌 수 있다.

첫째, 설교 전반부에서 청중들에게 다가가는 '**접촉의 요소들**'(Elements of

퀸틸리안은 6단계 법정 수사 흐름을 제시했다. <표 6>을 참조하라.
[10] Timothy Keller, *Preaching*, 231. 켈러의 메타 아웃라인을 정리하면 다음과 같다.

<표 8> 켈러의 메타 아웃라인

번호	흐름	내용
1	도입	현재 우리가 살아가는 문화 속에서 우리가 직면한 문제들 (What the problem?)
2	초기 질문	성경 독자들이 처한 문화적 상황과 우리가 반드시 해야 하는 것 (What the bible says?)
3	중기 질문	우리가 가진 내면의 문제, "왜 우리는 할 수 없는가?" (What prevents us?)
4	후기 질문	"어떻게 예수님은 성경의 주제를 완성하셨고, 우리의 내면의 문제를 해결하셨는가?" (How Jesus did it?)
5	적용	"어떻게 당신은 예수님을 믿음으로 현재를 살아야 하는가?" (How through faith in Jesus you should live now?)

contacts)을 보여 준다.

둘째, 후반부에서 청중이 가지고 있는 가치를 말씀으로 도전하는 '**반박의 요소들**'(Elements of contradiction)을 제시한다.

'접촉의 요소들'은 청중의 관심, 바람, 필요를 언급하는 단계이며, '반박의 요소들'은 성경의 진리를 청중에게 제시하는 단계이다.[11] 이러한 두 가지 큰 틀을 기초로 해서, 켈러는 포스트모던 세대에게 설교하는 6가지 건강한 실천 요소들(Lay out six sound practies)을 제시한다.[12]

1) 사용 가능한 단어를 사용하라

첫 번째 변증 설교를 위한 요소는 사용 가능한 단어(Accessible Vocabulary) 또는 청중에게 잘 설명된 단어(Well-Explained Vocabulary)를 사용하는 것이다. 성경에서 사용되는 '변증' 혹은 '변증하다'는 총 18회 가운데 15회가 불신자들을 대상으로 복음을 변호하거나 설명할 때 사용되었다.[13] 그러므로 변증 설교자는 설교를 준비하는 과정에서 불신자들의 의심과 질문들을 반드시 고려해야 한다. 바울은 아레오바고에서 설교를 시작하면서 '알지 못하는 신'(Unknown God)을 위한 제단을 언급한다. 바울이 이방인 청중을 대상으로 하는 설교에서 놀랍게도 유대인에게 친숙한 단어와 개념을 전혀 사용하지 않는다.

비시디아 안디옥(Pisidian Antioc)에서 유대인들에게 설교할 때(행 13:16-41), 바울은 출애굽 역사와 다윗 왕조를 언급했다. 이는 청중에게 친숙한 단어를 사용해서 예수가 하나님이 약속하신 구원자이심을 선포하기 위해서이

---

[11] Timothy Keller, *Preaching*, 100-01.

[12] 위의 책, 93-120.

[13] <표 3>을 참조하라.

다. 그러나 구약의 배경을 전혀 모르는 그리스 아테네 청중을 상대로 설교할 때, 바울은 구약의 언어를 사용하는 대신 아테네 청중에게 친숙한 단어와 질문들로 설교를 시작한다. 청중이 이해할 수 있는 언어와 개념을 사용해서 복음을 전하기 위함이다. 바울은 아테네 청중들 마음에 있는 질문과 필요를 읽고 그의 설교 서두에서 '알지 못하는 신'이 누구인지 알게 하겠다고 하면서 그의 설교를 시작한다(행 17:23).

설교자는 청중이 설교를 들으면서 "내가 지금 이 설교를 왜 듣고 앉아 있어야 하는가?"라는 회의감을 느끼게 해서는 안 된다. 설교는 1세기의 진리를 21세기 청중에게 전달하기 때문에 설명하고 설득하는 과정을 반드시 거쳐야 한다. 설교자는 항상 의심과 질문이 있는 청중을 고려하면서 청중이 관심을 갖고 들을 수 있는 설교를 준비해야 한다.

2) 청중이 권위를 두는 가치를 존중하라

두 번째 요소는 "설교 강화를 위해 청중이 권위를 두는 가치를 존중하라"(Employ Respected Authorities to Strengthen Your Theses)는 것이다. 이것은 설교자가 자신의 주장을 강화하기 위해서 청중이 권위를 두는 가치나 권위자의 말을 사용하는 것이다. 첫 번째와 두 번째 변증 설교 요소는 때로는 함께 사용되기도 한다.

바울은 아테네 청중에게 잘 알려진 시인 아라투스(Aratus)의 글을 인용한다(행 17:28). 성경 본문이 최고의 권위를 갖기 때문에 본문 자체를 설명하기 위해서 다른 자료들을 사용하는 것을 꺼리는 설교자들이 있지만, 바울은 성경의 하나님을 소개하기 위해서 청중이 권위를 두는 시인의 말을 인용한다.

요즘 설교에서 인문학이 어느 때보다 강조되고 있다. 인문학은 인간이 공감할 수 있는 문학, 역사, 철학 같은 이야기들이다. 수백 년, 수천 년 동안 잊혀지지 않고 사랑받는 인문학 고전들은 인간의 마음에 큰 감동과 울림을 준다. 설교자는 청중에게 공감을 얻기 위해서 오랫동안 권위를 인정받는 인문학을 사용할 수 있다.

그러나 그 목적은 그리스도를 소개하기 위해서이지 단순히 그 인문학을 소개하기 위해서는 아니다. 설교자는 성경 본문 자체가 인간을 변화시킨다는 설교철학을 가지고 본문을 빛나게 하기 위해 인문학을 사용해야 한다. 또한, 인문학은 인간 중심의 사상이기 때문에 설교자는 성경을 통해서 그 한계와 해결책을 제시해 줄 수 있어야 한다.

3) 의심과 반대를 이해하라

세 번째 요소는 청중이 가지고 있는 의심과 반대 의견을 설교자가 충분히 이해하고 있음을 보여 주는 것이다(Demonstrate an understanding of doubts and objectives).

첫 번째, 두 번째, 그리고 세 번째 요소는 청중에게 다가가는 측면에서 '접촉의 요소들'(Elements of contacts)로 볼 수 있다. 설교의 도입 부분 혹은 설교 중간에 소주제들을 설교하기 위해서 청중에게 익숙한 단어와 청중이 권위를 두는 가치를 사용하고 청중의 의심과 반대를 충분히 설교자가 이해하고 있음을 보여 줌으로써 청중을 그리스도께 이끄는 준비 작업을 하는 것이다.

> 회당에서는 유대인과 경건한 사람들과 또 장터에서는 날마다 만나는 사람들과 변론하니(행 17:17).

켈러는 아레오바고 설교에서 "변론하니"라는 단어를 통해서 청중의 의심과 반대를 충분히 공감하고 이해해야 함을 다음과 같이 설교한다.

"변론하니"(Reasoned)는 헬라어로 디아레고마이(*Dialigomai*)로 특별한 의미입니다. 여러분과 제가 아는 단순한 대화가 아닙니다. 그것은 소크라테스적 방법(Socratic method)입니다. 소크라테스적 방법이 어떻게 작동하는지 설명하겠습니다. 먼저는 우리는 전혀 다른 두 가지 세계관이 있음을 알아야 합니다. 소크라테스적 방법은 한 세계관이 다른 세계관에 대해서 내면적으로 함께 아파하는 마음을 가지는 것입니다. 다른 세계관을 이해하려고 노력하고, 들으려고 노력합니다.

다른 세계관에 대해서 "이런 것도 모르는, 이런 멍청한"이라고 말하며 비웃고 고함치는 대신에 동정하는 마음을 가지고 다른 세계관 속에 있는 사람이 어떤 상황에 있고 무슨 생각을 하는지를 상상하는 것입니다. 그런 후, 다른 세계관을 그 세계관이 가진 전제와 기준을 가지고 비판합니다. 당신의 세계관의 기준에 의하면, 당신은 이런 문제점을 가지고 있습니다. 이것이 바울이 사용한 방법입니다.[14]

4) 문화 담론의 기준선을 도전하라

네 번째 요소는 "문화 담론의 기준선을 도전하기 위해서 확인하라"(Affirm in order to challenge baseline culture narrative)이다. 문화 담론의 기준선이란 동시대를 살아가는 불신자 청중이 가지는 공통적 가치관을 말한다. 동시대를 살아가는 불신자가 받아들이는 보편적 진리가 '문화 담론 기준선'이다.

네 번째 단계인 '문화 담론의 기준선'이 세 번째 단계인 '청중이 갖는 의심과 반대 의견'과 다른 점은 개인이 가질 수 있는 의심과 반대보다 넓은 의미의 세속적 가치관이라는 점이다. 범사에 종교성이 많은 아테네 사람들

---

[14] Tim Keller, "나는 믿는다"(I believe), 행 17:16-34, 2015.10.14., 리디머장로교회 주일 설교.

이 가진 문화 담론의 기준선은 다양한 신들을 섬기고 그것을 통해서 여러 만족을 얻고자 함이였다(행 17:22-23).

바울은 시인 아라투스의 말을 인용하면서, 우리가 하나님의 소생(행 17:28)임을 주장한다. 아라투스는 범신론의 배경에서 인간이 하나님의 자녀임을 말했다. 그러나 바울은 인간은 창조주 하나님의 자녀라고 설명한다. 그리스 아테네 사람들처럼 인간이 금은 같은 물질로 하나님을 만들어서 섬기는 것이 아니라, 인간을 만드시고, 생명을 주시고, 존재하게 하신 창조주 하나님을 섬겨야 함을 설교한다.

바울이 소개한 하나님을 믿는 자녀들은 모든 피조물과는 다른 존재이며, 하나님은 하나님의 자녀들에게 회개를 요구하심을 설교한다. 하나님은 천하를 심판하시는 분이며 예수님의 죽음과 부활을 통해서 믿을 만한 증거를 주신 분이다(행 17:30-32).[15] 바울은 당시의 문화 요소를 사용해서 청중에게 왜곡된 신관을 성경적 하나님 신관으로 교정하면서 복음을 전했다.

21세기 성경과 반대되는 '문화 담론의 기준선'은 '절대 진리는 없다'는 주장이나 중·고등학교 교과서에 수록된 진화론이나 무신론 등이 될 수 있다. 좀 더 실제적으로 직장인에게 "돈, 명예, 권력이 최고다," 청년에게는 "취업과 결혼이 최고다"라는 슬로건이 21세기 문화 담론의 기준선들이다.

설교자는 이러한 문화 담론의 기준선들을 설교 가운데 언급하면서, 청중이 성경적 가치관을 가지고 문화 담론의 기준선에 저항하도록 도와주어야 한다. 이를 위해서 설교자는 문화 담론의 기준선이 형성되는 과정을 잘 이해해야 한다. '문화 담론의 기준선'의 한계점이 무엇인지 파악하여 무너뜨리기 위해서다.

20세기의 저명한 신학자 칼 바르트(Karl Barth)도 "설교자는 한 손에는 성

---

[15] David G. Peterson, *The Acts of the Apostles*, 100-101.

경을 한 손에는 신문을 들어야 한다"고 강조했다. 이 말은 성경과 신문이 동일한 권위를 가진다는 의미가 아니다. 설교자는 성경으로 문화 담론의 기준선을 무너뜨려야 함을 의미한다. 또한, 21세기 청중이 신뢰하는 자료를 사용하여 성경 본문을 입체적으로 드러내야 한다는 의미이다.

설교자가 문화 담론의 기준선을 도전하는 설교를 하면 성경과 삶이 분리된 이중적 신앙생활에서 벗어나도록 청중을 도울 수 있다. 설교자는 문화 담론의 기준선을 청중과 함께 확인하고 그 한계를 드러내고, 성경을 통해 '문화 담론의 기준선'을 무너뜨리는 과정을 설교에 포함해야 한다.

켈러가 탁월한 변증 설교자로 주목을 받고 있는 이유는, 그가 성경의 진리를 뒷받침하기 위해서 21세기 청중들에게 권위를 인정받은 자료들을 폭넓게 사용하여 문화 담론의 기준과 그 한계를 드러내며, 복음으로 그것들을 압박하기 때문이다. 바울은 신자의 싸움을 육체적 싸움이 아니라 세속적 문화 담론의 경계선을 무너뜨리는 싸움이라고 말했다.

> ⁴우리의 싸우는 무기는 육신에 속한 것이 아니요 오직 '어떤 견고한 진도 무너뜨리는'(The destruction of fortresses) 하나님의 능력이라 모든 이론을 무너뜨리며 ⁵하나님 아는 것을 대적하여 높아진 것을 다 무너뜨리고 모든 생각을 사로잡아 그리스도에게 복종하게 하니(고후 10:4-5).

설교자는 하나님에 대항하여 높아진 '사상과 철학들'인 '문화 담론의 기준선'을 하나님의 말씀으로 무너뜨리는 설교를 해야 한다.

5) 복음으로 문화의 압박점을 제압하라

다섯 번째는 "복음으로 문화의 압박점들을 제압하라"이다(Gospel offers that push

on the culture's pressure points). 이것은 현대 사회를 살아가는 청중이 공통적으로 가지는 가치관 및 그 한계점을 보여 준 후, 해결책으로 복음을 제시하는 것이다.

바울이 소개하는 신은 아테네 사람들이 섬기는 신과는 질적으로 달랐다. 바울이 소개하는 하나님은 "무엇이 부족한 것처럼 사람의 손으로 섬김을 받으시는 것"이 아니라 오히려 "만민에게 생명과 호흡과 만물을 친히 주시는" 분이시다(행 17:25). 바울은 시인의 말처럼 우리가 신의 자녀이면, 신이 우리를 만들어야지, 인간이 신을 "금이나 은이나 돌에다 사람의 기술과 고안으로 새긴 것들"로 만들 수 없다고 주장한다(행 17:29).

설교자는 청중이 받는 고통과 현실 문제를 반드시 인식하고 있어야 한다. 어떻게 예수 그리스도가 그 문제의 근본적 해결책이 될 수 있는가를 청중에게 소개할 수 있어야 한다.

켈러는 그의 대부분의 설교에서 '문화의 압박점들'이 예수 그리스도의 십자가와 부활을 통해서 어떻게 해결될 수 있는지를 보여 준다. 켈러는 현재의 문제와 인간의 한계를 설명한 후, 예수님의 사역을 통해서 그 문제가 해결 되었음을 청중의 마음에 설교한다. 그는 어떤 본문을 설교하든지 그 정점에서 "본문에서 무엇을 보시나요? 본문에서 한 분이 떠오릅니다"라고 자주 말한다. 켈러가 본문에서 발견한 분은 온 인류를 위해서 죽으시고 부활하신 예수 그리스도이시다.

설교자는 천국에서 모든 문제가 해결됨을 설교해야 하는 동시에, 오늘 이 땅에서 나를 힘들게 하는 문화 압박점들이 복음을 통해서 어떻게 해소되는가를 설교해야 한다. 세상에서 얻을 수 없는 진정한 평안, 기쁨, 감사, 그리고 흔들릴 수 없는 하나님의 자녀됨의 정체성을 가질 수 있도록 설교해야 한다. 네 번째 단계와 다섯 번째 단계는 크게 보면 하나의 단계로 볼 수 있다.

6) 복음의 삶으로 초대하라

여섯 번째 요소는 "복음 동기를 위해서 초대하라"(Call for Gospel Motivation)이다. 복음의 삶으로의 초대는 통합적인 복음으로 청중을 초대하는 것이다. 통합적 복음이란 영혼 구원뿐만 아니라 그리스도인이 현실적으로 직면한 삶의 문제들을 해결하여, 이 땅에서 지속해서 복음에 영향을 받는 삶을 살 수 있도록 설교하는 것이다. 예수님을 믿고 구원받은 것에서 멈춰버린, 성장이 없는 신앙생활을 거부하고 신자들이 항상 복음으로 살아갈 수 있도록 설교해야 한다. 여섯 번째 단계의 특징은 청중이 예수님과 지속적 관계를 통해서 변화된 삶을 살 수 있도록 설교하는 것이다.

이러한 지속적 관계를 누리는 삶으로 청중을 초대하기 위해서는 복음을 청중의 마음에 설교해야 한다. '청중의 마음에 설교한다'라는 것은 청중의 생각, 마음, 행동 그리고 삶 전체를 복음에 헌신하도록 설교하는 것이다. 설교자가 청중의 마음에 설교해야 한다는 것은 성경의 진리 없이 단순한 감동적 이야기를 전하는 것은 아니다.

오늘날 많은 설교자가 이야기를 통해서 청중의 마음을 감동시키며, 때로는 청중이 눈물도 흘리지만, 그 감동과 눈물이 복음에 헌신하는 삶을 살아가는 단계로 연결되지 못하는 경우가 많다. 설교 시간에 감동적 예화를 듣고 눈물을 흘렸지만, 찬양을 부르면서 마음이 뭉클했지만, 그 감동이 삶의 자리에서 하나님의 말씀에 순종하도록 영향을 주지 못하는 경우가 많다.

설교자가 청중의 마음에 설교한다는 것은 말씀을 듣고 청중의 마음에 감동을 받고 복음에 헌신하는 삶을 사는 것은 청중의 마음에 '오직 은혜,' '오직 믿음'으로 받는 구원의 감격이 유지될 때만 가능하다. 복음이 동기가 된다는 것은 은혜가 동력되는 신앙생활을 의미한다. 많은 경우 신자들이 복음으로 시작해서 행위와 공로로 마치게 된다. 복음이 동기가 되는 것이 아니라 다른 무언가가 동력이 되어 신앙생활을 한다.

복음이 동기가 되지 못하면 종교인처럼 신앙생활을 하게 된다. 종교인처럼 신앙생활 한다는 것은 복음의 동기가 아니라 자신의 공로 혹은 자신의 의가 바탕이 되어서 신앙생활을 하는 것을 의미한다. 켈러는 항상 복음과 은혜를 강조한다. 이는 청중이 늘 생기 넘치는 신앙생활을 할 수 있도록 하는 원동력이 된다.

3. "공개적 믿음" 설교 분석

켈러는 2013년 9월 29일부터 11월 24일까지 "공개적 믿음: 내 안의 소망 나누기"(A Public Faith: Sharing the Hope That's Within)를 제목으로 시리즈 설교를 했다. 그리스도인이 다원주의 사회 속에서 왜 믿음을 공개적으로 나누어야 하는지, 공개적 믿음이란 무엇인지를 설교했다.

<표 9>에서 '공개적 믿음' 시리즈 설교 7편의 설교 제목과 본문을 정리하였다. 이 시리즈 설교는 총 9편인데 이 중에서 켈러의 변증 설교 요소들을 잘 보여 주는 설교 7편을 선택했다(필자는 켈러의 설교를 직접 번역하여 사용할 것이다. 이후에 인용하는 모든 켈러의 설교들은 필자가 직접 번역하였다. 문자적인 번역보다는 의미가 통하는 번역을 했다).

"왜 공개적 믿음인가?"

켈러는 위와 같은 제목의 설교를 시작하면서 예수님과 한 여인이 나눈 개인적 대화를 소개한다. 요한복음 4장에서 예수님은 우물가에 물을 뜨러 온 여인과 생수에 대해서 대화를 나눈다. 이 대화에서 예수님은 "영원히 목마르지 아니하는 물"이 있다고 말씀하신다. 예수님과 여인의 대화는 공개적으로 복음을 나눈 대화로, 예수님은 이 대화가 바로 예수님의 양식이라고 말씀한다.

나의 양식은 나를 보내신 이의 뜻을 행하며 그의 일을 온전히 이루는 것이니라(요 4:34).

켈러는 다른 사람과 공개적으로 복음을 나누는 대화가 예수님의 양식이라고 강조한다. 오늘날 그리스도인도 예수님처럼 공공 장소에서 복음을 공개적으로 나누어야 하며, 어떻게 복음을 나누며, 왜 복음을 공개적으로 나누어야 하는지 '공개적 믿음' 설교 7편을 통해서 제시했다.

<표 9> 공개적 믿음(A Pubic Faith)

날짜	제목	본문
2013. 9. 29.	1. 왜 공개적 믿음인가? (Why a Public Faith?)	요 4:27-42
2013. 10. 6.	2. 죽음에 이르는 병 (The Sickness unto Death)	전 2:9-26
2013. 10. 13.	3. 의심 직면 (Facing Doubt)	시 73:1-3, 12-26
2013. 10. 20.	4. 하나님 알기 (Knowing God)	롬 1:16-21
2013. 10. 27.	5. 선 알기 (Knowing Good)	롬 2:12-29
2013. 11. 3.	6. 하나님 찾기 (Finding God)	출 3:1-14
2013. 11. 10.	7. 복음 발견하기 (Discovering the Gospel)	고전 15:1-15

1) 청중에게 잘 설명된 단어

켈러는 2018년 3월 5일부터 한국에서 목회자를 대상으로 포스트모더니즘 세대에게 어떻게 복음을 전하고 설교를 해야 하는지 7가지 방법을 나누어 제시하였다. 그는 가장 먼저 '믿지 않는 사람과 공유할 수 있는 언어'를 사용해야 할 것을 강조했다.[16]

(1) 헛되고 헛되다

켈러는 전도서에서 반복되는 '헛되다'는 단어의 의미를 설명한다. 그는 '헛되다'와 '해 아래서'라는 단어를 연결해서 '해 아래서 헛된 삶'을 설명한다. 전도자가 말하는 "해 아래서 하는 모든 수고가 헛되다"는 의미는 하나님 없는 인간의 활동이 무익함을 설명한다. 그는 그의 설교 "죽음에 이르는 병"에서 세속적 가치관을 추구하는 인간의 삶을 소개하면서, 그러한 삶이 왜 헛된 것인지를 다음과 같이 설명한다.

> 전도서에서는 '해 아래서'가 30회 이상 반복되고 있습니다. 전도자는 삶이 헛되다고 말하는 것이 아니라, 해 아래서의 삶이 헛되다고 말하고 있습니다. 주석자들은 '해 아래서 나의 삶이 헛되다'라는 의미는 "영원 혹은 하나님을 인식하지 않고, 여기, 지구에서의 삶만을 생각"하는 것으로 해석합

---

[16] 7가지 설교 원칙은 다음과 같다. ① 믿지 않는 사람들과 공유할 수 있는 언어를 써야 한다. ② 성경과 더불어 안 믿는 사람들이 존경하는 인물을 인용해라. ③ 그들이 의심하는 것이 무엇인지 이해하고 있음을 보여 주라. ④ 그들이 믿고 있는 것에 근거해 그들이 잘못 믿고 있다고 말해 줘야 한다. ⑤ 믿지 않는 이들의 갈망에 맞춰 복음이 제공할 수 있는 것을 제시하라. ⑥ '이렇게 해야 한다'고 어필하는 것으로는 부족하다. 사람의 마음속으로 들어가라. ⑦ 도덕적이고 종교적 사람이 되는 것과 기독교인이 되는 것의 차이가 무엇인지 분명히 제시하라. "켈러가 말하는 '포스트모더니즘 시대, 7가지 설교 원칙," 「국민일보」, 2018.3.5.

니다. '해 아래서' 헛된 삶을 사는 사람들은 오직 이 땅에서의 삶만을 믿는 사람들입니다.

우리는 이런 사람들을 세속적 가치를 가졌다고 말합니다. 세속적(Secular)이라는 단어는 라틴어 '사에쿨룸'(Saeculum)에서 왔는데, 현재(Present)라는 뜻입니다. 세속적 마음(Secular mindset)을 가진 사람들은 다음과 같이 말합니다.

"음… 하나님은 있을 수도 있고 없을 수도 있어. 사후(After death) 세계는 있을 수도 있고 없을 수도 있어. 우리가 아는 모든 것은 이 세상이며, 현재의 삶, 현재의 시간과 공간이야."

그러므로 세속적 인간은 다음과 같이 말합니다.

"음… 하나님은 있을 수도 있고 없을 수도 있습니다. 그러니 우리는 안식을 여기에서 찾아야만 합니다. 우리는 행복을 여기에서만 찾아야 합니다. 우리의 의미를 지금, 여기, 이생에서만 찾아야 합니다."

이것이 해 아래서 사는 삶입니다.

만약 당신이 어떤 정치적 입장 때문에 산다면?

만약 당신이 사회적인 지위를 위해 산다면?

만약 당신이 직업 경력을 위해 산다면?

만약 당신이 돈을 벌기 위해 산다면?

만약 당신이 성적 쾌락과 로맨스를 위해 산다면?

무엇을 위해서 살든지, 죽음은 당신이 해 아래서 추구하는 그것을 가져가게 될 것입니다. 죽음이 가져가지 못하는 것을 추구하는 사람은 영원한 의미를 가진 사람입니다. 해 아래 있지 않은 것들, 하나님, 믿음을 추구하는 사람이 진정한 인생의 의미를 추구하는 사람입니다.

(2) 도입에서 전체를 보여줌

켈러는 뉴욕 시민들이 가지고 있는 질문을 언급하고 그에 대답하는 설교를 한다. 그는 "하나님 알기"(Knowing God)를 설교하면서 아래의 질문을 던지고 로마서 1장이 네 가지 답을 준다고 한다.

> 하나님이 존재하는지 혹은 존재하지 않는지에 대해서 어떻게 알 수 있습니까?(How can you know whether there is God or not?).

많은 사람이 공감하는 질문이다. 켈러는 이러한 질문에 대답하는 설교를 한다. 그는 로마서 1장이 네 가지 답을 준다고 한다.

① 우리는 하나님을 알 수 있다(롬 1:20).
② 우리는 하나님을 안다(롬 1:21).
③ 우리는 하나님을 모른다(롬 1:21).
④ 우리는 진정 하나님을 알 수 있다(롬 1:19, 20).

이 네 가지 소제목은 로마서 1장 말씀에 근거한다. 이러한 형식은 고대 수사학에서 사용된 수사 기법으로 청중에게 먼저 이야기할 주제를 알게 함으로 흥미를 가지고 집중해서 연설을 듣게 하는 수사 방법이다.

로마서 2:12-29를 본문으로 "선(善) 알기"(Knowing Good)에 대해서 설교할 때도 마찬가지로 서두에서 미리 설교의 방향을 청중에게 알려 준다.

> **첫 번째** 단락은 로마서 2:12-16입니다. 바울은 어떤 사람도 상대주의자로 성공할 수 없음을 보여 줍니다.
>
> **두 번째** 단락은 로마서 2:17-24입니다. 두 번째 단락에서 바울은 모든 사

람이 도덕주의자로 성공할 수 없음을 보여 줍니다.

세 번째 단락 로마서2:25-29에서 바울은 "이것이 우리의 유일한 소망입니다"라고 이야기합니다.

2) 청중이 권위를 두는 가치를 존중함

(1) 무신론자의 증언

켈러는 "하나님 알기"에서 하나님의 존재를 어떻게 알 수 있는지를 설교한다. 두 번째 대지 '우리는 하나님을 안다'에서 로마서 1:21, "하나님을 알되 영화롭게도 아니하며 감사하지도 아니하고…"를 근거로 해서 인간이 하나님을 인식하고 있지만 그 인식을 숨기고 있다고 설명한다.

켈러는 이러한 예로 무신론자였다가 기독교인으로 개종한 오든(W. H. Auden)의 예를 든다. 오든은 20세기를 대표하는 영국인 시인이며 계몽된 지식인으로 자유, 이성, 민주주의 그리고 인간의 권리를 믿는 사람이다. 그는 뉴욕에 거주하며 기독교를 받아들였다. 그는 오든이 개종한 이유를 설명하면서 다음과 같이 말했다.

> 독일이 나치즘(Nazism)을 받아들일 때 상황이 어땠습니까?
> 독일은 세계 최고의 교육과 철학을 가지고 있는 사회였습니다. 최첨단의 과학지식과 엄청난 양의 음악들과 예술 작품들을 자랑했지만, 그들은 보편적 사상인 '이웃 사랑,' '정의' 그리고 '인간의 권리'를 허구로 보았습니다.
> 오든(Auden)은 다음과 같이 말합니다.
> "만약 고등 교육을 받은 사람이 나치당원이 되기로 결정하는 것이 틀린 선택이라면 그 기준은 무엇입니까?
> 나치당원도 이성을 사용합니다.

"자연을 보세요!

무엇이 보이시나요?

이성을 사용해서 자연을 보면 당신은 약육강식의 질서를 봅니다.

그것이 자연입니다.

약육강식은 당신이 이 땅을 살아가는 원리입니다.

자, 강한 국가가 약한 국가를 침략하고, 우수한 인종이 열등한 인종을 청소하는 것이 어째서 틀린 것입니까?[17]

틀렸다고 말하는 근거가 무엇입니까?

사람은 그의 이성과 그의 도덕적 느낌에 따라서 결정합니다. 독일인은 그들의 도덕적 느낌과 이성을 사용합니다. 영국인도 그들의 이성과 도덕적 느낌을 따라서 결정합니다.

어떻게 감히 당신이 독일인이 그들의 이성과 도덕적 느낌으로 선택한 나치즘은 틀리고, 영국인이 선택한 이성과 도덕적 느낌이 더 옳다고 할 수 있습니까?

하나님 없는 도덕적 느낌은 옳고 그름의 기준을 가질 수 없습니다. 하나님이 없이 도덕적 느낌인 인간의 권리, 자유, 평등을 의무적인 가치로 다른 사람에게 강요할 수 없습니다. 만약 당신이 인권과 정의의 가치가 상상이 아닌, 인간이 실재로 지켜야 하는 가치로 믿는다면, 당신에게 하나님은 반드시 존재해야 합니다."

켈러는 인류가 보편적으로 믿는 인간의 기본 권리와 진화론이 서로 양립

---

[17] 나치주의자들은 게르만족의 우수성을 주장한다. 그들은 게르만족의 우수성을 유지, 발전시키기 위해서 유대인, 집시, 그리고 육체적 및 정신적 장애인들을 제거하는 정치, 군사적 활동을 했다. 그들은 나치즘이 약육강식과 같은 자연 현상에 나타나는 것으로 매우 자연스러운 가치임을 주장했다. 이러한 주장을 할 때, 독일은 경제, 문화, 과학 분야에서 가장 앞선 나라 중 한 나라였다.

할 수 없다는 것을 독일 나치즘을 예를 들어서 설명했다. 이러한 설명은 제2차 세계대전을 경험한 세대와 그들의 후손에게 설득력이 있는 설명이다. 제2차 세계대전 가운데 일본 군인들은 그들의 성적 만족을 위해 약소국의 어린 여성들을 성적 노예로 사용한 '흑역사'가 있다.

만약 하나님이 부여하신 천부 인권의 가치가 없다면, 비록 전쟁 중에라도 어린 여성의 인권이 지켜져야 한다고 주장할 수 있을까?

일본에게 피해를 당한 한국, 중국뿐만 아니라 동남아시아 여러 국가는 보편적 인권과 정의는 전쟁 중에도 지켜져야 한다고 믿는다. 일본 군인들을 위해 여성들을 성노예로 착취한 역사적 사건은 하나님의 존재를 설명하는 데 효과적으로 사용될 수 있을 것이다.

켈러는 "하나님 알기" 설교에서 또 다른 예로 무신론이 비이성적임을 깨닫고 기독교로 개종한 윌슨(A. N. Wilson)을 소개한다. 윌슨은 인간이 진화의 산물이라면 다른 피조물과는 근본적으로 다른 존엄성의 근거가 사라지게 됨을 설명한다.

> 윌슨(A. N. Wilson)은 2009년 부활주일에 "나는 기독교를 받아들입니다"라는 발언을 해서 충격을 주었습니다. 그는 부활절에 간증하면서 영국인에게 이야기합니다.
> "그들은 모든 것을 가졌지만, 오직 멍청한 사람들만이 기독교를 믿는다고 생각합니다…. 사실, 나는 그 반대라고 확신합니다. 유물론자 무신론주의(Materialist atheism)는 무미건조한 이념일 뿐 아니라 완전히 비이성적입니다. 물질적 무신론은 '인간은 화학 물질의 집합체이다'라는 인간관을 가지고 있습니다.
> 이것은 어떻게 인간이 사랑하고, 용감하며 혹은 시를 쓸 수 있는지, 물음에 답을 줄 수 없습니다. 그들은 인간을 단지 살아 있는 고기 덩어리로 보기

때문입니다.

하나님이 없다고 믿는 사람들, 그리고 인간을 단순한 화학물의 집합체 혹은 진화된 살아 있는 고깃덩어리로 보면서, 그들은 동시에 '우리는 고상하며 정의를 믿어야 하며, 서로를 사랑해야 합니다'라고 주장합니다."

윌슨은 "하나님이 없다"라고 말하는 자들이 이러한 주장을 할 수 있는 근거가 없음을 지적합니다.

인간의 존귀함에 대한 그 기준이 어디에서 온 것입니까?

(2) 현실 문제에서 설교 시작

켈러는 '메타 아웃라인'에서 변증 설교의 시작을 '우리가 직면한 문제들'에서 출발해야 한다고 했다.[18] 설교자는 청중이 직면한 문제를 올바로 이해하고, 설교 가운데 그러한 문제를 직접 언급해야 한다. 믿음을 공개적으로 나누기 어려운 이유는 21세기 포스트모더니즘에 영향을 받은 다음과 같은 사회적 가치 때문이다.

> 다원주의 사회에서 살아가는 사람은 처음 만난 사람 혹은 친한 사람과는 정치 또는 종교를 주제로 대화하는 것은 피해야 한다.

설교자는 청중이 처한 현실적 문제에서 설교를 시작해야 한다. 켈러는 어떻게 다원주의 사회에서 공개적으로 복음을 전할 수 있는지에 대하여 다음과 같이 설명한다.

---

18 켈러의 변증 설교의 순서는 다음과 같다. ① 우리의 문제(What the problem we face?) ② 성경은 무엇을 말하는가?(What the Bible says?) ③ 무엇이 우리를 막고 있는가?(What prevents us?) ④ 예수님은 어떻게 하셨는가?(What did Jesus do?) ⑤ 예수님을 믿는 믿음을 통해서 어떻게 현재를 살아야 하는가?(How through faith in Jesus you should live now?)

여기는 뉴욕입니다. 제가 지금까지 설교할 내용은 대부분의 뉴요커(New Yorker)들에게는 너무 공격적인 내용입니다. 왜냐하면, 뉴요커들은 "기독교인으로 당신의 종교를 믿는 것은 괜찮습니다. 그러나 당신은 다른 사람을 개종시키려고 해서는 안 돼요"라고 말하기 때문입니다.

이런 주장을 종종 들어보셨죠?

저는 그러한 주장들은 완전히 틀렸다는 것을 두 가지 이유를 들어서 설명하겠습니다. 그러한 주장은 개인적으로 잘못된 주장이며, 논리적으로 잘못된 주장입니다. 먼저 개인적으로 잘못된 주장이라는 것을 설명하겠습니다.[19]

3) 청중이 갖는 의심과 반대

(1) 믿음을 공개적으로 나누기

"하나님 알기"(Knowing God)에 도입 부분에서 청중이 가지는 가치에 대해서 의심과 반대를 언급한다. 청중이 권위를 두는 가치로서 '오늘날 미국 사회가 자신이 갖고 있는 종교적 믿음에 대해서 공개적으로 드러내는 것을 꺼리는 분위기'가 있음을 말한다. 동시에 오늘날 미국 사회는 '우리가 누구인지 말해야 하는 사회'임을 또한 설명한다. 우리가 누구인지를 말하는 데 있어서 종교적인 신념은 매우 중요한 부분이다.

청중이 정말 다원주의 사회를 인정한다면 우리가 믿고 있는 믿음에 대해서 자유롭게 표현할 수 있는 것이 상대방을 존중하는 것임을 설명한다.

---

[19] Tim Keller, "A Public Faith, Why a Public Faith," 2013.9.29. 켈러는 '질병을 가진 집단을 치유하는 비유'를 통해서 설명한다. 한 집단이 불치병에 걸려서 죽어가고 있는데, 그 치료제를 임상 실험을 통해서 발견했다면 '치료제'를 발견했다고 다른 사람들에게 알릴 것이다. 그들이 맞을 수도 있고, 틀릴 수도 있지만 경험을 통해 질병을 치료받은 사람들은 '치료제'를 발견했다고 다른 사람들에게 알릴 것이다. 그리스도인은 인간이 죄의 질병을 가지고 있다고 보며, 그들의 경험을 통해서 "그리스도가 치료제이다"라고 이야기할 수 있다.

우리는 개인의 종교적 믿음이나 신념에 대해서 공개적으로 말하는 것에 대해서 매우 부정적으로 보는 사회에서 살아가고 있습니다. 그러나 이러한 점은 모순됩니다. 왜냐하면, 종교적인 것을 제외하고, 다른 부분들에 대해서는 공개적으로 말하기 때문입니다. 우리는 사람들에게 우리가 누구인지 말해야 하는 시대를 살아가고 있습니다.

생각해 보세요!

우리가 누구인지, 우리의 정체성을 설명하는 데 우리가 믿고 있는 종교적 신념과 믿음에 관해서 설명하는 것보다 더 근본적인 방법이 있을까요? 우리가 만약 정말 다원주의 사회에 열려 있는 사람이라면 우리가 누구인지 설명할 수 있는 종교적 믿음에 대해서 공개적으로 설명할 수 있도록 배워야 합니다. 이러한 태도는 우리가 다른 사람을 존중하게 되며, 평화를 조성하게 합니다.[20]

(2) 하나님에 대한 오해

켈러는 먼저 청중의 가치를 인정한 후 동일한 가치를 가지고 청중의 한계를 지적한다. 사람들은 "나는 이런 하나님이라면 믿겠다"라는 말을 한다. 이런 말을 하는 사람들은 진정한 신을 믿는 것이 아니라 자신에 의해서 만들어진 신을 믿겠다는 것이다. 그러한 신은 성경의 하나님이 될 수 없다. 켈러는 성경의 하나님은 인간의 인식을 뛰어넘는 분임을 다음과 같이 설명한다.

만약 당신이 하나님에 대한 경험을 갖기 원한다면, 하나님의 존재를 직면하길 원한다면, 그분은 진정 하나님이어야 합니다. 우리는 매우 소비적

---

[20] Tim Keller, "A Public Faith: Knowing God," 2013.10.20, 설교 도입 부분.

자본주의에 영향을 받았습니다. 소비주의 속에서 우리는 모든 것을 선택합니다. 우리는 우리가 원하는 것을 얻습니다. 모든 것은 소비자에게 맞추어집니다.

우리에게 그런 경향이 있는 것을 인정하시나요?

저는 그렇습니다.

당신도 그런가요?

당신은 당신이 원하는 하나님을 소유하고 있습니다.

당신은 말합니다.

"글쎄요, 저는 그런 하나님은 좋아하지 않습니다. 저는 이런 하나님을 좋아하고 이런 하나님을 믿고 싶습니다."

보세요, 만약 당신이 당신의 하나님을 만들어낸다면, 그것은 단지 당신의 확장일 뿐입니다.

어떻게 그런 하나님이 당신을 도울 수 있습니까?

어떻게 그런 하나님이 당신에게 능력을 줄 수 있습니까?

만약 당신이 실제로 당신이 좋아하는 하나님을 만들어냈다면, 그 신은 바로 당신입니다.[21]

켈러는 사람들이 하나님을 못 믿는 이유를 먼저 긍정하고 동일한 원리를 사용해서 청중의 잘못된 믿음을 교정한다. 오해된 하나님을 성경을 통해서 바르게 이해할 수 있도록 돕는다.

일반적으로, 사람들이 "믿을 만한 하나님이 없다"라고 나에게 말할 때, 나는 그들에게 말합니다.

---

[21] Tim Keller, "A Public Faith: Finding God," 2013.11.4, 소제목 3. '개인적인 문제.'

"글쎄요, 저에게 믿을 수 없는 부분을 이야기해 주세요. 왜 그 부분이 믿기 힘든지 말씀해 주세요."

그러면 그들은 항상 다음과 같이 이야기합니다.

"나는 이런 식으로 행동하는 하나님을 못 믿습니다."

그들이 믿지 못하는 하나님에 대해서 이야기하고, 왜 그들이 믿지 못하는지 이야기하고 나면, 나는 다섯 번 중 네 번은 다음과 같이 대답합니다.

"정말 대단한 부분을 이야기하셨네요. 맞습니다. 저 또한 그런 하나님은 믿지 않습니다. 당신이 묘사한 하나님은 너무 단편적이고 협소하고 삭감된 하나님입니다. 성경이 보여 주는 하나님의 다양한 측면은 전혀 고려되지 않았습니다. 성경은 이런 하나님에 대해서 이야기합니다. 그러나 또한 성경은 다른 모습을 가진 하나님을 보여 줍니다."[22]

4) 문화 담론의 기준선에 대한 도전

(1) 모든 믿음은 사회적 산물

켈러는 믿음을 '사회적 산물'로 보는 의심에 대해 다음과 같이 설명한다.

> 우리의 모든 믿음은 단지 문화의 산물입니다. 마다가스카르(Madagascar) 출신, 캐나다 출신, 이곳 출신, 저곳 출신, 당신의 인종에 따라 다른 믿음을 갖게 됩니다. 믿음은 문화적 산물로 사회적 배경에 따라 만들어진 것입니다.[23]

믿음을 문화의 산물로 보는 견해에 따르면, 믿음은 사회적, 문화적 산물

---

[22] 위의 설교, 소제목 2. '확장되는 하나님의 인식.'
[23] Tim Keller, "A Public Faith: Facing Doubt," 2013.10.13.

이기 때문에 그 믿음을 신뢰할 수 없다. 예를 들면, 아프리카에서 자란 사람이 믿는 샤머니즘의 신을 믿는 것과 태국에서 자란 사람이 불교를 믿는 것은 사회적인 산물로 만들어진 믿음이기 때문에 진리로 신뢰할 수 없다. 기독교의 진리 역시 그 문화권에서 자란 사람들에게 받아들여진 사회적 산물이기 때문에 절대 진리로 신뢰할 수 없다.

이러한 주장에 대해서 켈러는 다음과 같이 말한다.

> 상대주의는 항상 그 자체로 모순을 갖는다(Relativism always eats itself).

켈러는 만약 모든 믿음이 사회적 산물이며, 그래서 그 믿음을 신뢰할 수 없다면, "모든 믿음은 사회적 산물이다"는 믿음 자체도 현대 사회의 산물이므로 신뢰할 수 없게 된다고 주장한다. 켈러는 '모든 믿음은 사회적 산물이므로 각 문화에서 형성된 믿음을 보편적인 진리로 받아들일 수 없다'라는 주장 자체도 현대 사회가 만들어낸 믿음일 뿐이므로 절대적으로 신뢰할 수 없음을 지적한다.[24]

켈러는 기독교가 문화의 산물이 아님을 기독교의 독특한 교리를 통해서 설명한다. 세계 3대 종교 중에서 불교나 이슬람은 인간의 구원을 위해서 인간이 선을 행해야 하는 행위 교리를 가지고 있다. 행위 교리는 구원을 얻기 위해서 인간이 노력과 수행을 통해서 신들을 찾아 올라가는 특징을 가진다. 그러나 기독교는 이러한 인간 문화에서 나온 교리와는 전혀 다른 교리를 가지고 있다.

기독교의 구원은 문화적 산물이 아니라 하나님으로부터 계시된 것이다. 기독교 교리는 인간의 노력과 행위를 통한 구원을 말하지 않는다. 구원은 하나님이 인간을 위해서 행하신 일을 전적으로 믿고 받아들일 때 시작된다. 믿

---

[24] 위의 설교.

음으로 시작된 구원은 행동과 변화를 수반하게 된다.

켈러는 기독교가 가진 독특한 복음을 다음과 같이 설명한다.

> 다른 종교들의 핵심 중의 핵심은 예를 들면, 이슬람의 다섯 기둥(The Five Pillars)[25] 혹은 불교의 팔정도[26] 등입니다…. 이러한 교리의 핵심은 항상 당신이 행해야 하는 것에 대해서 설명합니다. 그러나 기독교의 핵심은 복음입니다. 복음은 당신이 반드시 행해야 하는 것을 설명하지 않습니다. 오히려 이미 당신을 위해서 행해진 것에 대해서 이야기합니다.
>
> 기독교는 삶에 대한 단순히 좋은 충고가 아닙니다. 기독교는 당신이 반드시 해야 하는 것에 대해 좋은 충고를 하고 있지 않습니다. 기독교는 이미 예수님이 당신을 위해 하신 좋은 소식을 전합니다.[27]

(2) 무신론

켈러는 "하나님이 없다"라는 설교에서 하나님을 믿지 못하는 사람들도 이미 믿음을 가지고 있음을 설명한다. 전능하신 하나님이 계시다는 것을 증명할 수 없다. 그렇기 때문에 믿음이 필요하다. 마찬가지로 무능한 하나님이 있다는 것을 객관적으로 증명할 수 없다. 무능한 하나님이 있다는 것 역시 믿음의 영역이다. 그러므로 '하나님이 있다' 혹은 '하나님은 없다'라는

---

[25] 이슬람의 다섯 기둥은 ① 알라를 유일신으로 고백(샤하다, *Shahada*), ② 매일 기도(살라, *Salah*), ③ 자선(자카트, *Zakāt*), ④ 라마단월(月) 동안의 금식(사움, *Sawm*), ⑤ 일생 동안 한 번 이상의 메카 순례(하즈, *Hajj*)이다. 이상의 다섯 행동은 모든 이슬람 신자들에게 의무적으로 요구된다.

[26] 팔정도(八正道)란 고통에서 벗어나기 깨달음을 얻기 위해서 반드시 행동해야 하는 8가지 실천 사항이다. ① 正見(올바른 견해), ② 正思(올바른 생각), ③ 正語(올바른 말), ④ 正業(올바른 행실), ⑤ 正命(올바른 생활), ⑥ 正精進(올바른 정진), ⑦ 正念(올바른 마음가짐), ⑧ 正定(올바른 정신).

[27] Tim Keller, "A Public Faith: Discovering the Gospel," 2013.11.10.

것은 우리의 영원을 담보한 믿음이다.

켈러는 '파스칼의 내기'(Pascal's wager)를 인용하면서 다음과 같이 설명한다.

> 만약 당신이 하나님을 믿는다면, 믿음의 첫발을 내디딘 것이다. 만약 당신이 하나님이 없다고 믿거나 무능한 하나님을 믿는다면, 그것 또한 믿음의 첫발을 내디딘 것이다. 이 둘 모두는 엄청난 믿음의 첫발이다. 당신이 어떤 하나님에 대한 믿음을 가지고 살든지 모든 사람은 믿음으로 살아가는 것이다(…Everybody is living by faith).[28]

(3) 과학, 그 객관적이지 못한 결론 도출 과정

뉴욕 사람들은 "과학이야 말로 객관적인 진리이다"라고 말한다. 그러나 과학에도 '믿음'이 포함되어 있다. 과학자가 실험할 때, 그들은 자신의 믿음에 기초하여 실험을 진행한다. 실험을 진행하면서 새롭게 나오는 증거들을 그들의 믿음에 따라서 신뢰하기도, 불신하기도 한다. 과학자들은 그들이 믿음을 지지하는 증거들만을 수집하며 실험을 진행하는 경향이 있다.

> 토머스 쿤(Thomas Kuhn)은 '과학이 어떻게 작동하는가?'에 대해서 『과학혁명의 구조』(The Structure of Scientific Revolutions)라는 책을 저술하였습니다. 쿤은 철학자이며 역사과학자(Historian of science)입니다. 그는 말합니다.
> "과학은 당신이 생각하는 방식으로 앞으로 나아가지 않습니다. 과학자들은 '나는 객관적이다'라는 말을 좋아합니다. 내가 새로운 정보를 가지게 되면, 나는 그 정보를 봅니다. 그리고 그 증거들이 이끄는 곳이 어디든 갑니다. 그래서 나는 점차 작은 변화들이 생기게 됩니다. 나는 더 많은 증거를 가

---

[28] Tim Keller, "A Public Faith: Facing Doubt," 2013.10.13.

지게 됩니다. 나는 더 확실한 것을 보게 됩니다. 그리고 나는 내 견해를 그 증거에 의해서 변화시켜 갑니다."

그는 말합니다.

"그런 식으로 과학이 작동하지 않습니다. 우리는 모두 매우 폐쇄적 마음을 가지고 있습니다. 우리는 새로운 증거에 대해서 열려 있지 않습니다. 우리 모두는 우리가 해석하는 기준에 의해 증거를 판단합니다. 우리는 그 해석의 기준을 패러다임이라고 부릅니다. 패러다임은 현실을 보는 방식입니다."[29]

켈러는 뉴욕 9.11 테러가 일어났을 때, 사람들의 반응이 전혀 다른 것을 지적한다. 사람들은 객관적 사건을 자신이 믿고 있는 가치를 확증하는 도구로 사용한다. 똑같은 사건이라도 사람의 믿음에 의해 다른 결론이 도출된다. 정치권을 보면 쉽게 이해할 수 있다. 동일한 사건에 대한 진보와 보수 진영의 의견이 다르다. 그 이유는 그들이 이미 가지고 있는 가치관에 따라 사건을 해석하기 때문이다.

놀라운 것은 9.11 테러 직후의 반응들입니다. 우리들은 똑같은 사건을 보았습니다. 그런데 어떤 사람들은 이렇게 말합니다.

"보셨죠, 제가 항상 말해 왔습니다. 이것이 제가 믿는 것입니다. 9.11 테러가 증명하고 있습니다. 우리는 나쁜 사람이고, 세계는 우리를 미워합니다."

다른 사람들은 다음과 같이 말합니다.

"9.11 테러 사건을 보셨죠?

우리는 좋은 사람입니다. 하지만 우리를 대항하는 악을 가지고 있습니다."

우리는 두 그룹의 사람을 가지고 있습니다. 이들은 서로 전적으로 상반된

---

29 위의 설교.

패러다임을 가지고 있습니다. 이것이 토머스 쿤이 말하는 것입니다.
우리는 열린 마음을 가진 사람들이 아닙니다. 우리는 굳어진 믿음을 가지고 있고, 정보들이 들어올 때, 그 정보를 사용하여 이미 믿고 있는 바를 확증합니다.[30]

5) 복음으로 문화의 압박점을 제압하라

(1) 복음으로 의심 극복

켈러는 "의심 직면"(Facing Doubt)에서 어떻게 의심을 물리칠 수 있는지를 설교한다. 시편 73:4-11에서 시인은 하나님의 존재를 의심하게 된 두 가지 질문을 던진다.

첫째, 선하신 하나님이 다스리는 세상에서 악인들이 어떻게 저렇게 번성할 수 있는가?

둘째, 나는 착하게 살고 있는데 왜 이렇게 잘 안 풀리고 오히려 고난이 있는가?

사람들은 시편 기자와 같은 질문을 하면서 선하신 하나님의 존재를 의심한다. 켈러는 악인들을 부러워할 필요가 없는 이유로 악인들은 '갑자기 황폐'되고 '놀랄 정도로 그들은 전멸'된다는 해답을 제시한다(시 73:19).

켈러는 시인이 어떻게 이런 해답을 얻었는지 다음과 같이 설명한다.

시인은 변화를 보입니다.
언제 변화를 보이기 시작합니까?

---

[30] 위의 설교.

하나님의 성소에 들어갈 때에야 그들의 종말을 내가 깨달았나이다(시 73:17).

실수하지 마세요. 시인이 뉴욕에 있는 아름다운 예배당 건물에 관광하러 들어간 것은 아닙니다.

시인이 예배당으로 들어간 이유가 무엇입니까?

예배를 드리기 위해서입니다. 시인은 예배드리는 장소로 갔습니다. 그는 거기서 하나님을 찬양하는 소리를 들었습니다. 하나님의 말씀을 들었습니다. 그는 믿음이 있는 사람들에게 둘러싸였습니다…. 만약 여러분이 의심이 생긴다면 그것은 당신이 사회적, 개인적으로 하나님이 계시지 않는 것 같은 곳에 있기 때문입니다.

그렇다면 하나님이 충만하게 계시는 하나님의 임재가 가득한 곳으로 가십시오.

하나님을 믿는 사람들이 모여서 예배하는 곳으로 가십시오.

하나님의 말씀이 가르쳐지는 자리로 가십시오.

기도의 자리로 나아가십시오.

(2) 복음으로 영혼의 갈급함 해결

"왜 공개적 믿음인가?"에서 켈러는 사마리아 여인이 예수님께 목마르지 않는 생수를 구한 것을 설명한다. 예수님은 그 여인에게 남편을 불러 오라고 했다. 예수님이 주시는 생수는 물질적인 생수가 아니라 영원히 목마르지 않는 생명수이다. 여인은 영원한 만족을 위해서 여러 남자들을 만났지만, 남편을 통해서 만족을 얻는 데 실패했다. 예수님만이 여인에게 영원히 목마르지 않는 생명수를 주실 수 있는 분이다. 켈러는 그 이유로 예수님이 사마리아 여인의 영적인 갈증을 십자가에서 대신 느끼셨음을 설명한다.

예수님은 내 과거를 다 알고 계셨습니다. 예수님이 말씀하셨습니다.
"나는 너의 과거의 성적인 실패들을 문제 삼지 않겠다."
어떻게 예수님이 그런 말씀을 하실 수 있는지 아세요?
예수님은 생명수를 우리에게 무료로 주실 수 있습니다. 우리에게 그것을 받을 자격이 없는데 말이죠. 십자가에서 예수님은 말씀하셨습니다.
"내가 목이 마르다."
예수님이 십자가에 달리셨을 때, 예수님이 하신 말씀 중의 하나는 "내가 목이 마르다"입니다.
예수님이 단지 육체적으로 목이 마르셨을까요?
아닙니다. 예수님은 십자가에서 하나님과 분리되시는 존재가 되셨습니다.[31]

(3) 복음으로 생명의 삶

예수님은 해 아래서의 헛된 삶을 사는 인간을 구원하실 수 있는 유일한 분이다. 그 이유는 그가 십자가에서 온 인류를 대신해서 헛된 삶을 경험하셨기 때문이다.

예수님께서 십자가에서 죽으실 때, "나의 하나님, 나의 하나님 어찌하여 나를 버리시나이까?"라고 외치셨습니다.
여러분들은 예수님이 그 말씀을 하실 때 예수님이 경험하신 것이 무엇인지 아시나요?
예수님은 하나님 없는 삶을 경험하셨습니다. 예수님은 하늘을 쳐다보았지만, 하나님은 아무 말도 없으셨습니다. 예수님은 해 아래서 하나님께 내버림을 당했습니다. 예수님은 고통을 하나님과 단절된 채로 해 아래서 영적

---

[31] Tim Keller, "A Public Faith: Why a public faith," 2013.9.29.

허무, 의미 없음을 경험하셨습니다.

왜 예수님은 그렇게 하셨나요?

예수님은 마땅히 우리가 받아야 하는 하나님과 분리된 허무와 의미 없음을 십자가에서 대신 받으셨습니다. 예수님이 오셔서 십자가에서 우리가 받아야 할 형벌을 대신 받으심으로 하나님께서 우리를 용서할 수 있도록 하셨습니다. 하나님은 우리를 사랑하실 수 있고, 우리는 하나님과 연결될 수 있습니다. 예수님이 하나님 없는 삶을 십자가에서 당하심으로 우리는 하나님과 함께 하는 생명을 갖게 되었습니다. [32]

6) 복음의 삶으로 초대

(1) 성경에서 만나는 사랑의 하나님

켈러는 "선 알기"(Knowing Good)의 마지막 소제목 '우리는 하나님을 진정 알 수 있다'에서 로마서 2:19-20을 통해 사람들이 하나님의 존재를 알 수 있다고 설교한다. 인간이 자연을 보고 하나님의 존재는 알 수 있지만, 그 하나님은 개인적으로 관계가 없는 초월적인 하나님이다. 자연을 보면 하나님의 존재는 알 수 있지만, 화산(Volcano), 허리케인(Hurricane), 쓰나미(Tsunami)를 보면서 나를 사랑하시는 하나님을 알 수는 없다. 우주를 보면서 광대하신 하나님을 알 수 있지만, 나를 위해서 독생자를 주신 하나님의 사랑은 알 수 없다. 나를 사랑하시고 나를 구원하시는 하나님은 오직 성경을 통해서만 알 수 있다.

켈러는 예수님만이 십자가에서 보여 주신 사랑을 다음과 같이 설교한다.

---

[32] Tim Keller, "A Public Faith: He sickness unto death," 2013.10.6.

예수 그리스도, 하나님의 아들이 세상에 오셨고, 십자가로 가셨고, 모든 자기 중심성을 내려놓으셨습니다. 모든 사람은 그분의 방식으로 그분을 가질 수 있습니다. 그는 사람들에게 맞았습니다. 그는 찔렸습니다. 그는 못 박혔습니다. 자신의 주도권을 완전히 상실하였습니다.

왜입니까?

우리가 받아야 하는 진노를 대신 당하셨기 때문입니다. 그는 죽임을 당하셨습니다. 성육신하신 하나님의 아들이 우리를 사랑하사 십자가에서 죽기까지, 그의 모든 주도권을 다 내려놓고 하나님의 뜻을 따라 진노를 당하시기까지 우리를 사랑하심을 보여 주셨습니다.

이것은 무엇입니까?

남용할 수 없는 진정한 사랑을 보여 줍니다. 당신은 당신 자신을 하나님께 드릴 수 있습니다. 왜냐하면, 그분이 당신을 위해서 십자가로 가셨기 때문입니다. 그 어떤 종교에서도 당신에게 그처럼 하지 못합니다. 그 어떤 철학도 그처럼 하지 못합니다. 이제 지금 나는 나를 드릴 수 있는 하나님을 모실 수 있게 되었습니다.

(2) 받아들이는 구원

복음을 공개적으로 나누는 동기가 교만이나 자기 과시가 되어서는 안 된다. 켈러는 구원을 설명하면서 항상 은혜를 강조한다. 그리스도인이 구원받은 것은 세상 사람들보다 더 낫거나 더 도덕적이기 때문이 아니다. 오히려 자신이 부족한 존재이며 은혜가 필요한 존재임을 받아들이기 때문이다. 구원은 정체성의 변화에서 온다. 내가 여전히 죄인이고 부족한 상태일 때 그리스도께서 나를 위해서 죽어 주셨다는 그 믿음으로 구원은 시작된다.

만약 당신이 기독교를 제외한 다른 종교에 속해 있다면, 만약 당신이 무늬만 그리스도인이고 복음을 잘 이해하지 못하고 있다면, 다음과 같은 사실을 믿을 것입니다.

하나님과 관계를 맺어야 합니다. 왜냐하면, 당신은 선한 사람이기 때문입니다. 왜냐하면, 당신은 열심히 노력하고 있기 때문입니다. 왜냐하면, 당신은 도덕적인 사람이기 때문입니다. 그렇다면 당신이 하나님을 믿지 않는 어떤 사람을 만날 때, 당신이 그 사람보다 더 나은 사람이라는 것을 확신하게 될 것입니다. 그렇게 되면 당신이 공개적으로 믿음을 나누는 동기는 교만이나 거만에서 나오는 것이고, 당신은 그들에게 '당신은 틀렸어'라고 말하는 것을 좋아하게 될 것입니다….

그러나 만약 구원이 당신이 성취한 것이 아니라 주어진 것이라면 어떻게 하겠습니까?

당신의 공로 없이 온 것이라면 어떻게 하시겠습니까?

당신의 자존감이 하나님의 선물이라면 어떻게 하시겠습니까?

당신의 구원이 당신이 더 나은 사람이기 때문이 아니라 당신이 다른 사람보다 더 낫지 않은 사람이라는 것을 인정함이라면 어떻게 하시겠습니까?

구원은 은혜가 필요한 사람이라는 것을 전적으로 인정할 때 가능한 것이라면 어떻게 하시겠습니까?

이것은 당신 안에 새로운 정체성을 만들고, 다른 사람들과 대화할 때, 하나님의 은혜로 구원받았음을 말하게 합니다.[33]

(3) 새 마음

"하나님 알기"(Knowing God)에서 켈러는 그리스도인들이 어떻게 마음에

---

[33] Tim Keller, "A Public Faith: Why a public faith," 2013.9.29.

할례를 받았는지 설명한다. 이방인과 유대인들 모두는 구원을 위해서 새로운 마음을 가져야 하고 이를 위해서 마음에 그리스도의 할례를 받아야 한다. 켈러는 설교 마지막 소제목 '그러므로 여기 우리의 유일한 소망이 있습니다'에서 우리의 유일한 소망은 성령에 의해서 새로운 마음을 갖는 것임을 다음과 같이 설교한다.

> 해답은 새 마음입니다.
> 어떻게 새 마음을 얻을 수 있습니까?
> 마음의 할례입니다….
>
> 그 안에서 너희가 손으로 하지 아니한 할례를 받았으니 곧 육의 몸을 벗는 것이요 그리스도의 할례니라(골 2:11).
>
> 이 말씀은 두 가지 큰 충격을 줍니다.
>
> 첫째, 예수님이 십자가로 가셨을 때, 그분은 할례를 경험하셨습니다.
> 무슨 말입니까?
> 피가 있었고, 창이 있었습니다. 그분은 찔려짐을 당하셨습니다.
> "나의 하나님, 나의 하나님 어찌하여 나를 버리시나이까?"
> 예수님이 크게 외치셨을 때, 예수님은 끊어지셨습니다. 예수님은 하나님의 율법을 온전하게 순종하신 유일하신 인간입니다. 그는 하나님을 마음을 다해서 힘을 다해서 뜻을 다해서 사랑하셨고 이웃을 자신처럼 사랑하셨습니다….
> 그러나 그의 마지막 삶에서 그는 끊어지심을 당하셨습니다.
> 이사야 53장은 고난 받는 종에 대해서 말씀합니다.

…그가 살아있는 자들의 땅에서 끊어짐은(He was cut off from the land of the living) 마땅히 형벌 받을 내 백성의 허물 때문이라(사 53:8).

예수님은 우리 때문에 끊어짐을 당하셨습니다. 그분은 우리가 당해야 하는 저주를 당하셨습니다.

둘째, 바울은 놀랍게도 그분 안에서 우리는 모두 다 할례를 받았다고 합니다. 남자와 여자가 다 할례를 받았다는 말씀은 무슨 말씀입니까? 그리스도는 이미 당신을 위해서 심판을 받으셨습니다. 예수님을 통해서 심판의 날을 면하게 되었습니다.[34]

4. "기독교의 문제: 왜 그렇게 믿기 힘든가?" 설교 분석

켈러는 2006년 9월부터 11월 사이에 "기독교의 문제: 왜 그렇게 믿기 힘든가?"(The Trouble with Christianity: Why It's So Hard to Believe?)의 주제로 설교했다. 켈러는 뉴욕 시민들이 기독교를 믿는 데 장애물이 되는 주제를 6가지 키워드로 압축한다.

① 배타성(Exclusivity).
② 고통의 문제(Suffering).
③ 절대 진리(Absolutism).
④ 기독교가 보여 준 정의롭지 못한 역사(Injustice).

---

[34] Tim Keller, "A Public Faith: Knowing God," 2013.10.27.

⑤ 지옥(Hell).

⑥ 문자주의(Literalism).

배타성(Exclusivity)은 다음 질문에 대한 변증 설교이다.

'왜 기독교만이 유일한 구원의 종교가 되는가?'
'어떻게 진정한 진리를 가진 종교가 하나만 존재할 수 있는가?'
'기독교에만 진리가 있다는 근거는 무엇인가?'

악의 문제와 고통(Suffering)은 다음 질문에 대한 변증 설교이다.

선하신 하나님이 온 세상을 통치하신다면, 왜 세상에는 악이 존재하는가? 만약 하나님은 악을 허락하신다면, 정의로운 하나님이 아니며, 정의로운 하나님이 악을 막지 못하신다면 전능하신 하나님은 될 수 없다.

절대 진리(Absolutism)는 다음의 질문에 대한 변증 설교이다.

모든 사람은 자유를 갖고 있으며, 자신의 진리를 선택할 권리가 있다.
왜 기독교는 자신들만 절대 진리를 가지고 있다고 주장하는가?

이 주제는 켈러의 다른 설교들에서 충분히 다루고 있기 때문에 분석하지 않겠다.

불의(Injustice)는 다음의 질문들에 대한 변증 설교이다.

기독교는 가난한 자들, 힘 없는 자들을 억압했고 탄압했습니다. 이런 역사는 기독교의 진리가 인간이 만들어낸 것임을 보여 주는 것이 아닌가요?

지옥(Hell)은 다음의 질문에 대한 변증 설교이다.

기독교의 하나님은 사랑과 은혜의 하나님이라고 하는데, 어떻게 영원한 지옥에서 사람들이 고통 받도록 허락하시는가?

마지막으로, 문자주의(Literalism)은 다음에 질문에 대한 변증 설교이다.

성경이 훌륭한 책이며 좋은 내용이 많은 것은 인정합니다. 하지만 성경에는 틀린 부분도 있으며, 구시대적인 책입니다.
"21세기를 사는 내가 왜 성경의 권위를 인정해야 하나요?"

다음 <표 10>에서 분석한 설교 본문, 날짜 그리고 제목을 분류하여 정리했다.

<표 10> 기독교의 문제: 왜 그렇게 믿기 힘든가?

날짜	제목	본문
2006.9.24.	1. 배타성: 어떻게 한 종교에만 진리가 있는가? (Exclusivity: How Can There Be Just One True Religion?)	요일 4:1-10

2006.10.1.	2. 고통: 만약 하나님이 선하시다면, 왜 세상은 이렇게 많은 악이 존재하는가? (Suffering: If God is good, why is there so much evil in the world?)	벧전 1:3-12
2006.10.15.	3. 불의: 기독교는 억압을 위한 도구가 아니였는가? (Injustice: Hasn't Christianity Been an Instrument for Oppression?)	약 2:1-17
2006.10.22.	4. 지옥: 기독교의 하나님은 화난 심판자가 아닌가? (Hell: Isn't the God of Christianity an Angry Judge?)	눅 16:19-31
2006.11.5.	5. 문자주의: 성경은 역사적으로 신뢰할 수 없고 퇴보한 책이 아닌가? (Literalism: Isn't the Bible Historically Unreliable and Regressive?)	눅 1:1-4; 24:13-32

1) 배타성: 왜 기독교만이 유일한 구원의 종교인가?

켈러는 뉴욕에 사는 사람들이 기독교를 믿는 데 방해되는 요소들이 무엇인지를 찾았다. 첫 번째로 찾은 방해 요소는 '배타성'(Exclusivity)이다. 2006년에 뉴욕에 사는 그리스도인이 공격받은 질문은 다음과 같다.

어떻게 당신의 종교만을 유일한 진리라고 주장할 수 있나요?

(1) 청중이 권위를 두는 가치를 인정

켈러는 미국 저명한 철학자 리차드 로티(Richard Rorty)의 "종교를 개인적 영역에서만 유지해야 한다"라는 주장을 이해하고 있음을 보여 준다. 포스트모던 청중은 개인의 종교를 광장에서 공개적으로 이야기하는 것을 꺼려하는 경향이 있다. 공공 장소에서 한 사람이 자신의 종교를 이야기할 경우, 그 종교를 믿지 않는 사람들에게 피해를 주고 더 나아가서 갈등을 일으킬 수 있기 때문이다. 켈러는 이러한 "종교를 개인 영역에서만 유지해야 한다"라는 주장이 오류가 있음을 설명한다.

켈러는 교회법과 사회법에 정통한 마이클 페리(Michael Perry)의 말을 인용해서 로티의 주장이 문제가 있음을 드러낸다. 마이클 페리는 "종교를 개인적으로 유지해야만 한다"라는 주장은 서구의 개인주의의 가치가 반영된 주장일 뿐, 모든 사람들이 동의하는 명제가 아님을 지적한다. 이러한 주장 역시 개인의 주장일 뿐, 광장에서 모든 사람에게 강요될 수 없다는 것이다.

켈러는 로티의 주장 역시 그의 주장을 반대하는 사람들을 불편하게 하는 점을 지적한다. 켈러는 상대방의 논리를 사용하여, 그들의 주장이 모순이 있음을 드러낸다. "광장에서 종교적 믿음을 나누지 말라"는 주장도 사람들을 불편하게 하고 갈등을 일으킬 수 있다는 것이다.

켈러는 리차드 로티의 주장에 대해서 마이클 페리의 주장을 사용하여 문제점을 지적한다.

> 리차드 로티는 기본적으로 다음과 같이 말할 것입니다.
> "당신은 당신의 종교를 광장으로 들어가는 문 앞에서 떠나게 해야 합니다. 당신이 믿는 진리, 도덕, 옳고 그름에 대한 생각들은 광장 입구에서 떠나보내야 합니다. 왜냐하면, 그런 것들은 믿음에 기초한 것으로 어떤 사람도 그 믿음들에 대해서 옳고 그름을 판결할 수 없기 때문입니다. 당신이 당신이

가진 믿음을 가지고 광장에 들어가서 이야기한다면 논쟁거리가 되며 우리는 영원히 싸우게 될 것입니다….”

그런데 생각해 보세요.

만약 당신이 "당신은 광장에서 당신의 종교를 떠나야 한다"라는 주장을 한다면, 그것은 인간 본성에 대해서 서양의 개인주의를 신봉하는 믿음을 강요하는 것입니다. 사람들에게 개인의 믿음을 광장으로 들어오기 전에 떠나라고 말하는 것은 광장에 있는 다른 사람들에게 개인주의를 신봉하는 믿음을 강요하는 것입니다.

웨이크포레스트대학교(Wake Forest University)에서 교회법과 주법에 저명한 학자인 마이클 페리의 "종교적 믿음은 반드시 광장 밖에서만 유지되어야 한다. 왜냐하면, 그것은 믿음에 근거한 것이며 논쟁적이기 때문이다"라는 주장 자체도 개인주의를 선호하는 믿음에 근거한 주장입니다. 개인의 믿음에 근거한 이러한 주장 역시 광장에서 매우 논쟁적인 주장임을 말합니다. 그러므로 "광장에서 자신의 종교를 버려야 한다"라는 주장도 광장에서 버려져야 합니다.

(2) 의심과 반대 의견을 이해

켈러는 종교적 배타성이 갈등과 분열을 조장하고, 국가와 민족 사이에 무력 충돌로 세계 평화를 위협하는 오늘날 상황을 보여 주면서 설교를 시작한다.

"40년 전에 사람들에게 세계 평화를 가로막는 것이 무엇이었습니까?
이렇게 물으면 사람들은 '정치적 사상'이라고 말할 것입니다.
왜냐하면, 그 당시는 냉전 시대였기 때문입니다.
20, 30년 전만 해도 공산주의와 자본주의로 말할 수도 있습니다.
오늘날 세계 평화를 가로막는 것이 무엇입니까?"

이렇게 물으면 대부분의 사람은 종교, 특히 종교적 배타성을 이야기합니다. 어떻게 지구촌에서 종교가 나누어져 있으며, 어떻게 종교가 가족 구성원을 나누고 있는지, 종교의 본질이 무엇인지에 관한 책들이 홍수처럼 쏟아지고 있습니다. 저는 다음 사항에 동의하면서 설교를 시작하려고 합니다.

"일반적으로 종교가 사람들을 분열하게 하는 매우 강력한 성향을 가지고 있으며, 종교가 불화를 조장합니다. 종교는 마음에 경사진 비탈길과 같아서 사람들을 한쪽으로 미끄러지게 하며 심지어는 압제와 폭력까지도 사용하게 합니다."

(3) 기독교의 포용성

배타적 기독교는 곧 사라질 것이다. 켈러는 이러한 견해를 20세기 기독교가 아프리카, 남아메리카, 아시아에서 부흥하는 역사적 사실을 통해서 반박한다. 세계 4대 종교 가운데 가장 배타적 진리를 가진 기독교는 가장 포용적으로 전파되고 있다.

예를 들면, 이슬람 종교는 여러 지역에 퍼져 있지만 대부분 아시아, 특히 중앙아시아 지역에 집중되어 있다. 불교 역시 아시아 지역, 특히 동남아시아 태국, 스리랑카 지역에 집중적으로 분포되어 있다. 힌두교는 네팔, 인도 지역을 중심으로 퍼져 있다.

그러나 기독교는 다르다. 기독교는 예루살렘에서 유럽으로 전파되었다. 기독교는 유럽에 갇혀 있지 않고 대서양을 건너서 북미와 남미에 전파되었다. 아프리카와 아시아에도 전파되었다. 세대 4대 종교 중에서 기독교처럼 문화와 지역을 초월하여 포교되는 종교는 없다. 기독교는 예수 그리스도를 통해서만 구원을 받는 배타적 진리를 증거하지만, 동시에 남녀노소, 빈부귀천, 차별 없이 누구든지 오직 믿음으로 구원받는 가장 포용적 진리를 가지고 있기 때문이다.

종교의 배타성에 대한 첫 번째 반응은 종교가 약화되거나 사라지기를 바라는 것입니다. 지난 수십 년 동안 북미와 서유럽의 지성인들은 종교가 거의 사라져 갈 것이라고 믿었습니다. 왜냐하면, 인간은 점점 더 발전된 기술을 가질 것이기 때문에 종교는 더 이상 필요없으리라 생각했습니다. 이러한 가치는 진화론의 논리로 종교를 이해하는 것이다.

"종교는 우리에게 유용했으며 우리의 환경에 맞게 적응해 왔지만, 이제는 더 이상 필요없다. 종교는 점차 쇠퇴할 것이며 결국에는 사라지게 될 것이다"라고 종교를 이해합니다.

그러나 이러한 일은 전혀 발생하지 않았습니다. 세계 3대 종교는 대부분은 그 신도들이 증가하고 있으며, 어떤 지역에서는 매우 가파르게 신도들이 증가하고 있습니다. 기독교 목회자로서, 저는 다른 종교보다 기독교의 통계를 잘 알고 있습니다. 예를 들면, 아프리카에서 9%에서 45-50%까지 지난 100년 동안 기독교 신자 수가 증가했습니다. 한국도 지난 100년 동안 1%에서 45%까지 기독교 신자들이 증가했습니다. 중국도 이와 유사합니다.

요점은 우리 사회는 기술적으로 진보하며 지속해서 발전하기 때문에 종교가 약화되거나 사라지지 않는다는 점입니다. 또 다른 예는 1940년대 공산주의가 중국을 지배했을 때입니다. 중국 공산주의는 모든 기독교 활동을 중국에서 금지했고 선교사들을 추방했습니다. 사람들은 중국에서 기독교가 약화 되거나 사라질 것으로 생각했습니다. 그러나 중국에서 기독교는 더 전파되었고 심지어 더 성장했습니다.

그 이유를 아십니까?

모든 사람은 각자의 믿음에 근거한 배타적 가치를 가진다. 배타적 믿음을 가지는 것 자체가 문제가 될 수 없다. 우리가 질문해야 하는 것은 "배타적 믿음이 사랑, 포용, 화해, 평화의 행동을 지향하는가?"이다 켈러는 기독교 복음은 다른 어떤 종교보다 사랑과 평화, 포용을 생산해 내는 종교라는 것을 설명한다.

> 그리스-로마 사회는 각 민족이 그들의 신을 믿을 수 있도록 허용했습니다. 그러한 포용 사회에서 초대교회는 예수님을 '만주의 주'로 고백했습니다. 기독교는 배타적이고 로마의 다른 이방 종교들은 매우 포용적으로 보입니다. 기독교는 배타적 믿음을 가진 종교로 보이지만, 기독교인이 보여 준 역사적 사실들은 기독교가 그 당시에 가장 포용적인 공동체였다는 사실입니다. 그리스 로마인들은 부자와 가난한 사람들이 서로 섞이지 못했습니다. 그리스도인 공동체에서 부자와 가난한 사람들은 서로 섞였습니다. 유대인들은 배타적으로 다른 민족들을 받아들이지 못했습니다. 기독교는 어떤 인종도 받아들였습니다.
>
> 어떻게 "예수가 유일한 하나님이다"라는 가장 배타적인 믿음을 가진 기독교가 가장 포용적인 공동체를 만들어냈을까요?
>
> 예수님이 십자가에서 자신을 사랑하지 않는 사람들을 사랑하시고, 그에게 고난을 준 사람들을 용서하시고, 그를 반대한 사람들을 받아 주셨습니다. 그 이유는 바로 예수님 때문입니다. 그 예수님이 그리스도인들의 마음에서 궁극적인 실재가 될 때, 역사상 가장 포용적인 공동체가 만들어졌습니다.

켈러는 뉴욕에 사는 도덕주의자와 세속주의자가 서로를 비난하고 조롱하는 현상을 소개한다. 그 근원에는 '자기 의'와 '비교에서 오는 우월성'이 있다고 진단한다. 켈러는 복음을 받아들일 때 '자기 의'와 '비교에서 오는 우월성'에서 벗어나서 진정한 나를 찾고 하나님과 이웃을 사랑할 수 있음을 다음과 같이 설교한다.

요한일서 4:7-8을 보세요.

⁷사랑하는 자들아 우리가 서로 사랑하자 사랑은 하나님께 속한 것이니 사랑하는 자마다 하나님으로부터 나서 하나님을 알고 ⁸사랑하지 아니하는 자는 하나님을 알지 못하나니 이는 하나님은 사랑이심이라(요일 4:7-8).

'자기 의,' '우월주의,' 이런 것들이 우리를 억압합니다.
뉴욕에서 거주하는 도덕주의자는 세속주의자를 보면서 '더러운 세속주의자들, 세속주의자들이 이 세상의 문제이다'라고 말합니다.
세속주의자들은 "나는 교육받은 이성적인 사람이야. 도덕주의자들은 꽉 막힌 원시인 같은 종교인이군. 당신이 이 세상의 문제야"라고 반박합니다.
…각 그룹은 상대방을 깔보고 비난합니다. 그러나 복음은 당신이 다른 사람을 당신 자신보다 더 낫게 여길 수 있는 유일한 믿음 체계입니다.
뭐라고요?
복음은 말합니다. 당신이 지혜롭기 때문에 구원받은 것이 아닙니다. 당신이 선해서 구원받은 것이 아닙니다. 당신이 진리를 행해서 구원받은 것이 아닙니다. 당신이 구원받은 것은 예수님이 당신을 위해서 진리를 행해 주셨기 때문입니다.
만약 당신이 다른 사람들보다 더 나은 것이 없는 죄인이라는 것을 인정하며 은혜가 필요한 사람임을 인정하지 않는다면 당신은 구원받을 수 없기 때문입니다. 그러므로 복음은 당신을 동의하지 않는 사람들에 대해 열린 마음을 갖게 하며 그들을 사랑할 수 있게 합니다. 오직 복음만이 이러한 사랑을 가능하게 합니다.

(4) 포스트모던 시대의 자기 모순

켈러는 포스트모던 세대가 주장하는 두 가지 문화 담론의 기준선을 자기 모순이라고 주장한다.

> 모든 종교는 동등하게 신에게 이르는 바른 길을 가지고 있다.
> 종교를 공공의 대화의 주제로 가져올 수 없다.

포스트모던 세대는 '다양성'을 근거로 '절대 진리'를 부정한다. 하지만, 그들도 역시 '다양성'을 '절대 진리'로 강요하고 있다. 기독교가 '절대 진리'를 주장하기 때문에 사회 갈등을 일으킨다면, "모든 종교가 동등하다"라는 주장과 "종교는 개인적으로만 유지하고 공공의 장소에서 말하지 말라"는 주장 역시 사회적 갈등을 일으키는 주장이 된다. 켈러는 '다양성'을 '절대 진리'로 강요하는 것이 세속적 진리이기 때문이라고 설교한다.

> 사람들은 신문, 잡지, TV에서 이러한 견해를 보고 들으며 믿기도 합니다. 당신의 친구들이 그들이 어떤 환경에 있든지 간에 이러한 견해를 믿을 것입니다. 그러나 이러한 견해는 성공할 수 없습니다. 그 이유가 본문에 있습니다. 무엇이라고 말씀하고 있습니까?
>
> 그들은 세상에 속한 고로 '세상에 속한 말을 하매'(Speak from the viewpoint of the world) 세상이 그들의 말을 듣느니라(요일 4:5).
>
> 그들은 누구입니까?
> 그들은 기독교를 비판하는 사람들입니다. 흥미롭게도 요한은 그들 또한 종교적 믿음을 가지고 있다고 말합니다. 그들은 그들의 가치를 가지고 있습

니다. 비록 그들이 기독교가 절대 진리라는 믿음을 비판하지만, 그들 역시 그들의 절대 진리를 가지고 있습니다.

켈러는 종교다원주의자들의 예화를 소개한다. 종교다원주의를 이야기할 때 장님이 코끼리를 만지는 비유를 종종 한다.

한 장님은 코끼리의 다리를 만지면서 "코끼리는 작고 단단한 나무처럼 생겼네"라고 말할 수 있습니다. 다른 장님은 코끼리 배를 만지면서 "단단한 벽처럼 생겼네"라고 말할 수 있고, 다른 장님은 코를 만지면서 코끼리는 "길고 둥근 모양"이라고 말할 수 있습니다.

장님들은 각자 다르게 코끼리를 묘사했지만 결국은 같은 코끼리에 관해서 이야기한다는 비유는 종교다원주의를 설명하는 예로 사용되었다. 켈러는 이러한 예를 다음과 같이 비판한다.

인도 선교사였던 영국인 레슬리 뉴비긴(Lesslie Newbigin)은 『다원주의 사회에서의 복음』(The Gospel on a Pluralism Society)이라는 책에서 "어떻게 당신이 감히 전체를 다 본다고 하는가, 당신은 당신의 종교에서 볼 수 있는 것만 볼 수 있다"라는 주장에 대해 문득 한 가지 생각이 떠올랐다고 말합니다. 레슬리 뉴비긴은 "어떤 장님도 전체 코끼리를 다 볼 수는 없고, 각자가 경험한 것만 볼 수 있다"라는 주장이 성립하기 위해서는 "코끼리 전체 그림이 있어야 한다"라는 것을 깨달았습니다. 그는 장님이 코끼리 만지는 비유가 성립하기 위해서 전체 코끼리를 본 사람이 있어야만 가능하다는 사실을 알았습니다.

뉴비긴은 "모든 종교가 동등하다"라는 주장이 얼마나 교만하고 제국주의 사고인가를 비판합니다.

"어떤 종교도 영적 최고의 우월성을 가질 수 없다는 주장 자체는 이미 최고의 우월성을 가진 주장이다."

당신이 만약 "어떤 사람도 다른 사람에게 종교적 회심을 위해서 노력하면 안 된다"라고 주장할 때, 그 주장은 이미 종교적 믿음이 됩니다. 자신의 종교적 믿음으로 다른 사람들을 회심시키려는 시도입니다. 이는 다른 사람에게 자신의 종교를 강요하지 말라는 자신의 주장을 어기는 자기 모순입니다.

2) 고통: 만약 하나님이 선하시다면, 왜 세상에는 그렇게 많은 악이 존재하는가?

(1) 잘 설명된 단어

켈러는 신자나 불신자가 제기하는 고통과 악의 문제에 대해 요약하여 설명한다. 사람들은 불의한 일을 겪을 때, 정의로운 하나님의 존재를 의심한다. 예를 들면, 태풍으로 많은 사람이 죽게 되었을 때, "태풍을 조절하실 수 있는 하나님이 왜 사람들이 죽도록 허락하셨는가"를 질문한다. "하나님이 인간 탄생을 주관하시는 분이라면 장애를 갖고 태어나는 아기들을 허락하시는 이유는 무엇인가"라고 질문할 수 있다. 이러한 질문들은 정의로운 하나님 혹은 전능하신 하나님에 대해서 의심을 품게 만든다.

만약 하나님이 악과 고통을 멈출 수 없기 때문에 계속 허락하신다면 그분은 좋으신 하나님일 수는 있지만, 전능하신 하나님은 아닙니다. 반면에 만약 하나님이 악과 고통을 멈출 수 있음에도 계속 허락하신다면, 좋으신 하나님일 수는 없습니다. 하나님이 둘 중 한 분이라면 성경에 존재하는 선하시며 전능하신 하나님은 존재할 수 없습니다. 이것은 엄청난 논쟁입니다.

(2) 고통의 문제는 정의로운 하나님을 전제

청중이 권위를 두고 있는 실존주의 철학자 장 폴 사르트르(Jean Paul Sartre)와 마틴 루터(Martin Luther)의 글을 통해서 사람들이 왜 고통과 악의 문제를 불편하게 여기는지 그 의미를 설명한다. 고통과 악의 문제가 사람들을 괴롭힌다면 이는 그들이 정의롭고 전능하신 하나님의 존재를 이미 믿고 있다는 증거가 된다. 고통과 악의 문제는 하나님의 존재를 전제해서 일어나는 질문이기 때문이다.

하나님의 존재에 대한 믿음이 없이는 세상에서 일어나는 악과 고통에 대해서 문제를 제기할 수 없다.

> 마틴 루터가 버밍엄(Birmingham) 감옥에서 쓴 편지에서 매우 유명한 내용을 이야기합니다.
> "인간의 법이 불의한지 아닌지를 알 수 있는 유일한 방법은 하나님으로부터 나오는 신적인 법과 더 높은 법이 존재해야 합니다."
> 루터는 말합니다.
> "만약 하나님이 계시지 않다면 만약 신적인 법이나 더 상위법이 없다면 특정한 인간의 법이 정의인지 불의인지를 알 방법이 없습니다.
> 만약 하나님이 계시지 않는다면, 어떤 사람들은 '오! 이 법은 불의하군!' 이라고 말할 수 있습니다.
> 그러나 그것은 그들의 기준에 의한 평가입니다.
> 어째서 그 사람의 기준이 다른 사람들에게 적용되어야 하죠?"
> 장 폴 사르트르는 실존주의에 대한 에세이에서 다음과 같이 말합니다. 나의 말로 바꾸어서 소개하겠습니다.
> "만약 하나님이 존재하지 않는다면, '선재 선'(Apriori good)은 존재할 수 없습니다."

도스토옙스키도 말했습니다.

"만약 하나님이 존재하지 않는다면 모든 것이 허용된다."

맞습니다. 만약 하나님이 존재하지 않는다면 우리는 행동에 기준이 되는 빛나는 현실 가치도 없어지고 어떤 행동이 되었든지 간에 그에 대한 정당성의 근거도 찾지 못합니다.

무슨 말씀인지 아시겠어요?

만약 하나님이 없다면, 당신은 '이것은 불의해'라고 느낄 수 있습니다. 그러나 그것이 전부입니다. 그것은 개인적 느낌일 뿐입니다….

제 요점은 이것입니다. 악과 고통은 하나님을 믿는 사람들에게 문제가 됩니다. 그러나 하나님을 믿지 않는 사람들에게 악과 고통은 더 큰 문제입니다. 만약 하나님이 계시지 않는다면 누가 감히 이것이 틀렸다고 말할 수 있습니까?

왜 우리는 해야만 하는 것들이 있습니까?

무엇을 근거로 해서 우리는 더 나은 세상을 요구할 수 있나요?

(3) 고통에 대한 두 가지 반응

일반적으로 고통과 악의 문제를 만나면 사람들은 '정의로운' 하나님 대한 믿음을 포기한다. 켈러는 베드로전서 1:6-7을 통해 시험과 고통이 신자들의 믿음이 약화되거나 믿음을 포기하게 만드는 것이 아니라 오히려 믿음을 더 강하게 하며 칭찬받는 믿음을 갖게 할 수 있다고 설명한다.

신자가 자신의 잘못이 아님에도 불구하고 자연 재해나 질병으로 고통을 겪을 때 신앙을 포기하거나 교회를 떠나는 경우가 종종 있다. 반면에 똑같은 고통의 상황을 겪으면서 믿음이 굳건해지는 경우도 있다. 고통의 문제가 정의로운 하나님을 불신하게 하는 경우도 있지만, 오히려 정의로운 하나님을 소망하고 기다리게 할 수도 있다.

우리가 끔찍한 고통과 재앙을 경험할 때 우리의 반응 중 하나는 하나님을 믿는 믿음에서 한 걸음 뒤로 물러나거나 혹은 심하면 믿음을 포기하는 것입니다. 이것은 지극히 자연스러운 현상이며, 많은 사람들이 그렇게 하고 있습니다. 베드로전서 1:6-7을 보겠습니다. 제가 본문에서 몇 단어를 말씀드립니다.

"당신은 슬픔과 여러 종류의 시험으로 고통을 당하는데 이는 당신의 믿음이 칭찬, 영광, 그리고 존귀를 얻기 위함입니다."

베드로는 당신이 지금 겪는 고통이 믿음을 약하게 만들지 못하며 또는 믿음을 무너뜨리지 못한다고 말씀합니다. 그것은 믿음을 강하게 할 수 있습니다. 그것이 믿음을 강하게 해야 합니다(It ought to strengthen faith).

켈러는 하나님이 그 백성이 고통을 당할 때, 그들과 함께 하심을 설명한다. 구약성경 다니엘 3장과 이사야 43장을 통해서 하나님께서 불 가운데서 여전히 자신의 백성을 돌보시고 함께하심을 설명한다. 하나님은 자신의 자녀들에게 불 가운데로 들어가는 고통을 당하지 않을 것이라고 약속하지 않으셨다.

오히려 하나님은 하나님의 자녀들이 불 가운데 지날 때와 고통의 용광로를 지나갈 때가 있다고 말씀한다. 하나님의 백성들이 고통의 용광로를 지나갈 때, 하나님께서 그 백성들을 지키시고 보호하시며 그 상황을 넘어갈 수 있도록 힘과 능력을 주시는 하나님이심을 소개한다.

이사야 선지자를 통해서 약속의 말씀을 주셨다.

두려워하지 말라 내가 너를 구속하였고 내가 너를 지명하여 불렀나니 너는 내 것이라 네가 물 가운데로 지날 때에 내가 너와 함께 할 것이라 강을 건널 때에 물이 너를 침몰하지 못할 것이며 네가 불 가운데로 지날 때에 타지도 아니할 것이요 불꽃이 너를 사르지도 못하리니(사 43:1-2).

신자에게 어떤 약속이 주어졌습니까?

하나님은 "만약 네가 나에게 속했다면 너는 물속으로 들어가지 않을 것이다. 너는 불 속으로 들어가지 않을 것이다"라고 약속하시지 않으셨습니다. 약속은 네가 용광로의 불을 통과할 때입니다. 네가 용광로의 불에 던져질 때, 하나님은 "내가 너를 돌볼 것이다. 내가 너를 매우 사랑한다. 너는 그곳에서 나의 사랑과 내가 함께 함을 느낄 것이다. 내가 너와 함께 걷는 것을 느낄 것이다. 나의 돌봄을 받을 것이다. 고통과 어려움은 너를 해치지 못한다. 그것들이 너를 무너뜨리지 못한다. 그 대신 그것은 너를 정제 시킬 것이다. 그것은 너를 빛나게 한다. 그것은 너에게 인격과 영혼과 믿음을 줄 것이다"라고 말씀하십니다.

(4) 복음으로 문화의 압박점을 제압하라

켈러는 하나님이 자기 백성과 고통 가운데 함께하시는 하나님이신 것을 알기 위해서 반드시 예수님의 십자가 사건을 알아야 함을 설명한다. 십자가 사건을 통해서 알 수 있는 분명한 것은 불의와 고통은 하나님이 우리를 사랑하지 않기 때문에 허락하시는 것이 아니라는 것이다. 왜냐하면, 하나님은 인간의 몸을 입고 친히 자기 백성을 위해서 십자가에서 고통을 당하셨기 때문이다. 그 십자가의 고통 때문에 자기 백성이 구원받고 새로운 삶을 살 수 있다.

켈러는 이사야 40:1-3에서 하나님은 당신의 백성들이 불 가운데, 물 가운데로 지날 때 함께하시겠다는 약속을 예수님의 십자가 안에서 확실하게 성취하셨다. 예수님의 십자가는 고통과 고난의 한 복판에서 함께 하시는 하나님의 모습을 선명하게 보여 준다.

구약에서 하나님께서 네가 불 가운데를 지날 때 내가 너와 함께하겠다는 약속의 말씀이 있습니다. 이 말씀은 신약에서 예수 그리스도의 십자가로 가까이 갈 때, 그 약속이 얼마나 좋은 약속인지를 알게 됩니다.

하나님께서 "내가 너의 고통 가운데 함께하겠다"는 약속은 당신이 십자가에 가까이 가기 전까지 하나님이 우리의 고통 가운데 어떻게 함께하셨는지 깨달을 수 없습니다.

이사야 53:11-12[35]은 선지자에 대해서 말씀합니다. 선지자는 앞으로 올 은혜에 대해서 언급하면서, 그리스도의 십자가 고통과 영광에 대해서 예언합니다. 모든 종교 중에서 오직 기독교만이 그리스도 예수 안에서 하나님이 고통과 아픔, 심지어 죽음까지도 당하신 분이라고 말씀합니다. 십자가에서 우리의 속죄를 위해 하나님은 불의를 당하시고 약해지고 죽으셨습니다.

십자가에서 무엇을 보십니까?

그분은 사형을 당하셨습니다. 만약 당신이 사랑하는 사람을 잃었다면, 우리는 십자가를 바라보고 그곳에서 우리의 죄를 용서하기 위해 독생자를 잃은 하나님을 볼 수 있습니다.

만약 당신이 고통 속에서 "하나님 왜 저입니까?"라고 소리치고 있다면 십자가를 바라보십시오. 그곳에서 예수님은 고통 속에서 "왜, 왜?"라고 외치고 계십니다.

그분은 우리가 받아야 할 고통을 십자가에서 다 받으셨습니다.

---

[35] "여호와께서 말씀하신다. 그가 상처를 입고 고통을 당한 것은 내 뜻이었다. 그가 죄를 속하는 희생 제물이 되면 그는 자손을 보게 될 것이며 그의 날이 장구할 것이니 그를 통해 내 뜻이 성취될 것이다. 그는 자기 영혼이 고통을 당해 얻어진 결과를 보고 만족스럽게 여길 것이다. 나의 의로운 종은 자기 지식으로 많은 사람을 의롭게 하며 그들의 죄를 담당할 것이다"(현대인의성경).

십자가로 가서 질문할 수 있습니다.

"하나님! 왜 당신은 악과 고통의 문제를 계속 허락하시나요?"

십자가가 이 질문에 직접적인 답을 주고 있지는 못합니다. 그러나 십자가는 무엇이 답이 아닌지에 대해서 답을 줄 수 있습니다. 하나님이 우리에게 고통을 주시는 것이 우리를 사랑하지 않기 때문이 아니라는 것은 십자가가 말해 줍니다. 하나님이 우리를 돌보지 않기 때문이 아니라는 것도 말씀해 줍니다. 우리는 하나님이 왜 악과 고통을 허락하시는지 그 이유는 모릅니다.

그러나 우리가 아는 확실한 한 가지는 하나님은 우리를 돌보지 않는 분이 아니며, 우리에게 무관심한 분이 아니라는 것입니다. 왜냐하면, 그분은 우리를 위해서 이 땅에 오셔서 십자가에서 죽으셨기 때문입니다. 단지 우리가 이미 경험한 고통의 용광로를 위해서만 그렇게 하신 것이 아니라 앞으로 우리가 당할 모든 고통을 위해서 그렇게 하셨습니다.

정리하면 십자가는 왜 하나님은 악과 고통을 허락하시는지 답을 주고 있지 않습니다. 그러나 십자가는 답이 될 수 없는 것, 하나님이 우리를 돌보지 않기 때문이 아니라는 것은 확실하게 말해줍니다.

3) 불의: 기독교는 가난한 자를 억압하는 도구였다

(1) 잘 설명된 단어

켈러는 '불의'(Injustice)에 대해서 설명하면서 기독교 '흑역사'를 언급함으로 설교를 시작한다. 이러한 설교는 청중의 관심, 특히 불신자들이나 기독교에 궁금증을 가지고 있는 청중들이 설교를 들을 수 있게 돕는다.

우리는 다음과 같은 질문을 받을 때 어떻게 대답할 수 있습니까?

기독교는 억압의 긴 역사가 있습니다. 그리스도인은 제도적, 경제적 그리고 문화적으로 다양인 인종, 계급 특히 가난한 자들을 억압해 왔습니다. 이것이 기독교의 믿음이 놀라운 것이 아니며, 기독교를 신뢰할 수 없는 이유입니다.

(2) 의심과 반대를 이해하고 있음을 보여 주라

포스트모던 청중 가운데 기독교가 가난한 자와 약한 자를 억압한 역사 때문에 기독교를 믿지 못하는 사람이 있다. 켈러는 이러한 사람들의 반대 의견을 언급한다.

하나님은 가난한 자, 억압받는 자를 선택하셨습니다. 기독교의 복음은 수백 년의 역사를 통해서 가난하고 억압받는 자들에게 전해졌습니다. 그러나 당신은 다음과 같이 반박합니다.
"네, 맞습니다. 좋습니다. 네, 예수님은 좋으신 분입니다. 그러나 나는 오늘날 기독교에 대해서 이야기하는 것입니다. 당신도 알다시피 하나님은 가난한 자를 선택하셨습니다. 그러나 교회는 그렇지 않습니다. 문제는 여기에 있습니다. 제가 기독교를 믿는 데 문제가 되는 것은 바로 오늘날 교회입니다. 오늘날 기독교인들 때문입니다. 예수님의 사람이라고 불리는 기독교인이 힘 없고 가난한 인종이나 계급에 한 행동 때문입니다."
…논점은 이것입니다.
기독교의 억압의 역사 때문에 당신이 기독교 진리를 믿지 못하는 것입니다. 그런데 그러한 논리가 타당한가요?

켈러는 기독교의 어두운 역사 때문에 기독교를 불신하는 사람들에게 성경의 바른 가르침을 먼저 소개한다. 성경의 하나님은 가난한 사람들을 선택하셨다. 성경의 하나님은 가난한 사람을 돌보시는 하나님이시다. 청중에게 먼저 성경의 가르침을 이해시켜야 한다. 성경의 가르침은 바르지만 교회가 잘못되었기 때문에 청중은 성경을 믿지 못할 수도 있다. 켈러는 성경의 진리와 그 진리를 바르게 행하지 못한 사건을 서로 분리해서 생각하도록 권면한다.

(3) 가난한 자들의 기독교

켈러는 성경 본문을 통해서 기독교는 '가난한 사람,' '억압받는 사람'을 위한 종교임을 설명한다.

> 하나님이 세상에서 가난한 자를 택하사 믿음에 부요하게 하시고(약 2:5).

> 낮은 형제는 자기의 높음을 자랑하고 부한 자는 자기의 낮아짐을 자랑할지니 (약 1:9-10).

켈러는 이러한 성경 진리를 뒷받침하기 위해서 기독교가 부한 자들과 권력자들보다 먼저 가난한 자들에게 전파되었음을 설명한다. 실제로 초기 기독교 300년의 역사는 로마 제국 아래서 극심한 박해를 받았다. 기독교는 가난하고 억압받는 자에게 가장 먼저 전파되었다.

바울은 무엇을 설명합니까?
사실은 간단합니다. 초대교회에 그리스도인이 된 대부분의 사람들은 사회적으로 낮은 계층의 사람들이었습니다. 이러한 사실은 오늘날도 같습니다. 오늘날 그리스도인이라고 불리는 대부분의 사람은 지구의 남반구에 살고 있습니다. 그들은 라틴아메리카, 아프리카, 그리고 아시아에 살고 있는데 경제적으로 가난한 사람들입니다. 하나님이 가난한 사람들을 택하셨다는 의미는 교회 역사에서 사실로 드러나고 있습니다.

복음은 특히 가난한 사람들에게 힘을 주었고 가난한 사람들에게 전해졌습니다. 그 결과 교회 역사에서 기독교를 받아들인 대부분의 사람들은 사회적으로 낮은 계층의 사람들이었습니다.

(4) 불의에 바르게 대항한 마틴 루터 킹 목사

켈러는 고난의 문제를 설명할 때와 같은 방식으로 설명한다. 기독교의 억압 역사 때문에 믿음을 떠나는 사람도 있지만, 그렇지 않은 사례도 있음을 설명한다.

마틴 루터 킹(Martin Luther King Jr.) 목사는 남부의 다수의 기독교인이 흑인들을 차별할 때 남부 기독교 백인들의 억압 때문에 기독교를 떠나지 않았는데, 그 이유는 남부 백인이 진정한 기독교를 보여 주고 있지 않기 때문이었다. 킹 목사는 성경의 하나님은 백인과 흑인을 동등하게 창조하셨고, 모든 인간은 하나님으로부터 부여받은 존엄한 가치를 갖는다는 믿음이 있었다. 이 바른 믿음을 보여 주기 위해서 킹 목사는 싸웠다.

마틴 루터 킹(Martin Luther King Jr.) 목사는 미국 남부에서 백인 교회들에 의한 조직적 인종 차별을 받았습니다. 그때 그는 "기독교 믿음으로부터 떠납시다. 기독교를 약화합니다. 기독교는 믿을 수 없으니 차라리 세속적인 사람이 됩시다"라고 주장하지 않았습니다.

그는 "기독교는 민중의 아편입니다. 혹은 기독교에서 말하는 절대 진리는 없습니다. 모든 사람은 자기들이 생각하는 옳고 그름을 선택할 수 있습니다"라고 주장하지 않았습니다. 그는 기독교의 억압 역사 때문에 기독교 진리를 믿을 수 없다고 말하지 않았습니다.

그는 말합니다.

"우리는 참 진리가 필요합니다. 진정한 믿음이 필요합니다.
그리스도인의 믿음의 중심에는 무엇이 있습니까?
불의하게 희생당하신 분이 있습니다. 가난한 자들에게 복음을 전하신 분이 있습니다. 그리스도인들의 불의에 대한 해답은 진정한 기독교, 더 깊은 기독교입니다."

최근 한국교회에 교회를 이탈하는 신자들이 늘어나고 있다. 교회에 안 나가는 교인을 '가나안 교인'으로 공공연하게 부르고 있는 실정이다. 교회 이탈 현상을 근본적으로 치료하는 대책은 성경에서 말하는 바른 교회를 설교하고 보여 주는 길이다.

켈러는 기독교의 불의와 어두운 모습 때문에 믿음을 포기하고 떠나는 경우도 있지만, 그 반대의 경우도 있음을 설명한다. 왜곡된 기독교 역사도 있지만, 바른 기독교 진리를 지키기 위해서 싸웠던 마틴 루터 킹 목사와 같은 기독교인들도 있다. 교회가 부패했기 때문에 교회를 안 나가는 것이 정당화될 수는 없다. 오히려 바르지 못한 교회를 개혁하기 위해서 교회로 더 나가는 사람도 있기 때문이다.

(5) 믿음과 행함

켈러는 야고보서의 믿음과 행함을 설명한다. 믿음으로 구원받은 자들에게는 반드시 가난한 자들을 돌보고 그들에게 실제적 도움을 주는 삶을 사는 것이 구원의 표시였다. 기독교의 바른 믿음을 소유한 교회와 신자들은 반드시 가난한 자를 돕고, 압제당하는 사람들을 돌보아야 한다. 바른 기독교는 가난한 자들을 억압하는 기독교가 아니라, 가난한 사람을 돕고 압제받는 자들을 위해 행동하는 기독교임을 설명한다.

행함이 없는 믿음은 죽은 것이니라(약 2:26).

믿음이 만약 행동에 의해 성취되지 못하면 죽은 것입니다.
어떤 사람들은 바울이 로마서나 갈라디아서에서 말한 믿음으로 구원을 받는 메시지와 야고보서의 메시지가 상충된다고 생각합니다.
바울은 오직 믿음으로 그리스도 안에서 구원받는 것이지 행함을 통해서 구원받는 것은 아니라고 했습니다. 당신은 예수님이 당신을 위해 행하신 것을 믿음으로 구원받는 것이지, 당신이 행한 일을 통해 구원받는 것이 아닙니다. 행함 없는 믿음이 죽은 것이라는 야고보의 메시지와 바울의 메시지는 상충되지 않습니다.
마틴 루터는 바울과 야고보의 주장을 한 문장에 잘 정리하였습니다.
"우리는 오직 믿음으로 구원받는데, 구원하는 그 믿음은 결코 (행함 없이) 혼자만 있지 않습니다"(We are saved by faith alone, but the faith that saves is never alone).
삶의 변화, 행함, 선행은 구원의 수단이 아니라(Not a means of salvation), 구원의 표적(A sign of salvation)입니다….
죄인이 믿음으로 구원받은 필연적 표적(Sign)은 무엇입니까?
가난한 사람을 돌보는 것 입니다. 그것이 구원받은 사인(Sign)입니다.
야고보서 2:1-4에서 당신은 가난한 사람들을 살펴야만 한다고 말씀합니다. 차별하면 안 됩니다. 당신은 부자들과 가난한 사람들을 차별하면 안 됩니다. 야고보서 2:15-16에서 실제적인 필요를 채워주는 돌봄에 대해서 말씀합니다. 야고보서 2:13이 가장 강력하게 말씀합니다.

긍휼을 행하지 아니하는 자에게는 긍휼 없는 심판이 있으리라(약 2:13).

켈러는 긍휼(Mercy)을 설명하면서 행함이 있는 믿음에 대해 설명한다. 예수님은 사람을 긍휼히 여기셨는데 단순히 마음으로만 그들을 불쌍히 여기신 것이 아니라 그들의 육체적인 필요를 채워 주셨다. 예수님은 병자들에게 찾아가서 병을 고쳐 주셨고, 배고픈 자들에게 먹을 것을 주셨다. 예수님은 생각과 마음으로만 긍휼히 여기신 것이 아니라 실제적 필요를 채우시는 긍휼을 보이셨다. 행함이 없는 믿음이 죽은 믿음이듯 긍휼이 없는 삶의 믿음은 죽은 것이다.

> 긍휼(mercy)을 행하지 아니하는 자에게는 긍휼 없는 심판이 있으리라 긍휼은 심판을 이기고 자랑하느니라(약 2:13).

일반적으로 긍휼 또는 자비(Mercy)는 친절 혹은 호의를 의미합니다. 신약에서 좁은 의미에서 긍휼(Mercy)은 가난한 사람들을 살피는 것입니다.

예를 들면, 선한 사마리아 비유에서 길에 쓰러진 사람을 위해서 행한 모든 일, 여관 비용을 지급하고 다친 곳을 싸매준 모든 행동은 긍휼(Mercy)로 요약할 수 있습니다. 성경에서 긍휼은 가난한 사람을 돌보고, 가난한 사람을 먹이고, 홈리스(Homeless)에게 쉴 곳을 제공하는 실제 도움을 주는 의미입니다.

예를 들면, 소경들이 예수님이 지나가신다는 소리를 듣고 "다윗의 자손이여, 우리를 불쌍히 여기소서"(Son of David, have mercy on us)라고 외친 것은 단순히 "우리에게 좋게 해주세요"라는 추상적인 의미가 아닙니다. 그들은 "육체적으로 보지 못하는 문제를 해결해 달라"는 의미입니다. 우리를 불쌍히 여겨 달라는 말은 그들의 눈을 고쳐 달라는 의미입니다.

야고보서 2:13은 무엇을 말씀합니까?

'행함 없는 믿음이 죽은 것'은 무슨 의미입니까?

그것은 심판의 날에, 당신이 진정 믿는 자인가의 징표가 가난한 자들을 돌보는 행함 있는 긍휼의 삶이라는 것입니다. 이러한 긍휼의 징표는 구원의 수단이 아닙니다. 이러한 긍휼의 삶이 우리를 구원하는 것이 아니라 구원받은 사람들에게 나타나는 징표입니다.

(6) 복음으로 문화의 압박점 제압

켈러는 항상 복음을 강조한다. 켈러는 복음이 아닌 인간 스스로 만들어 낸 구원 방식인 '도덕주의'와 '방탕주의'에 대해 설명한다. 쾌락 추구자들과 도덕적 선을 추구하는 자들은 스스로 구원하고자 하는 자들이다.

> 성경에 따르면 스스로가 구원자가 되는 두 가지 방법이 있습니다.
> 먼저는 도덕 규칙을 무너뜨려서 자신이 구원자가 됩니다. 이들은 방탕한 삶을 삽니다. 다른 방법은 도덕적 법칙을 잘 준수해서 하나님이 "나를 축복해야만 합니다"라고 하면서 자신이 구원자가 되려고 합니다.
> "하나님은 나를 천국으로 데려가야만 합니다. 당신은 어떤 나쁜 일도 나에게 일어나게 해서는 안 됩니다. 나는 내 삶을 통제할 수 있는데, 그 이유는 나는 꽤 괜찮은 사람이기 때문입니다."
> 전자는 당신을 술, 성, 쾌락에 중독시킴으로 당신을 구원하고자 합니다. 후자는 자신 스스로 존경받을 만한 인물이 되도록 해서 자신을 구원합니다. 두 경우 다 하나님께 반역하는 것입니다. 당신은 두 가지 상반된 방법으로 쾌락의 노예가 되거나 자만심의 노예가 됩니다.

켈러는 '도덕주의자,' 혹은 '종교인'보다 가난한 사람들에게 복음이 더 강력한 능력이 되는지 그 이유를 설명한다.

> 종교적 사람들이나 도덕적 사람들은 다음과 같이 말합니다.

"만약 당신이 열심히 그리고 정말 좋은 사람이 된다면 그리고 십계명을 다 준수한다면, 성경을 매일 읽는다면, 기도한다면, 하나님은 당신을 천국으로 데리고 가실 것입니다."

당신이 이런 사람에게 가서 "당신은 하나님이 필요합니다. 당신은 자기 의 또는 자기 욕망의 노예입니다. 당신의 삶에는 하나님의 초월적인 은혜가 필요합니다"라고 말하면, 그들은 당신을 보면서 말할 것입니다.

"무례하군요."

그들은 다음과 같이 말할지도 모릅니다.

"나는 항상 교회에 가고, 교회 문은 저에게 항상 열려 있습니다."

이러한 이유 때문에 부자나 중산층의 사람에게는 "만약 당신이 좋은 사람이 되려고 노력하고 최선을 다해서 좋은 사람이 되려고 한다면 하나님은 당신에게 천국을 허락하십니다"라는 메시지가 통합니다.

그러나 부자에게 복음을 전할 때 "당신은 죄인입니다. 그리고 당신은 결코 당신을 구원할 수 없습니다. 당신은 도덕적, 영적으로 완전히 실패한 사람입니다"라고 하면 그들은 복음을 싫어할 것입니다. 그러나 가난한 사람들이 그 복음을 들으면 "할렐루야"를 외칠 것입니다. 복음은 항상 자신의 충분하지 못함을 인식하는 사람들에게 강하게 작용합니다.

진짜 복음은 가난한 자들에게 소망이 되며 위로와 존귀한 자존감을 준다고 아래와 같이 설교한다.

당신이 만약 은혜로 구원받았다면, 만약 당신이 행한 일이 아니라, 예수님이 행한 일 때문에 구원을 받았다면, 그러면 즉시 **두 가지 측면**을 갖게 됩니다. 마틴 루터는 "의인이자 동시에 죄인"(*Simul justus et peccator*), 즉 당신은 **심판** 받아 마땅한 죄인인 동시에 그리스도 안에서 절대적인 **사랑**을 받는 자이고 받아들여진 자입니다.

내가 나를 구원하는 프로젝트가 아닙니다. 복음을 이해한다면 이것은 사회생활에 변혁을 가져올 것입니다. 이전에 당신은 "가난하다면 나는 실패자야"라고 말했을 것입니다. 그러나 그리스도인이 된 이후에 당신은 당신의 높은 위치에 대해서 볼 수 있습니다.

'우주를 창조하신 분이 나를 사랑하신다.'

이것이 기독교가 가난한 사람들에게 더 강력하게 받아들여지는 이유입니다.

켈러는 복음이 어떻게 외모의 노예가 된 현대인을 자유롭게 하는지 그리스도의 성육신과 십자가 사건을 통해서 설명한다. 현대인들은 외모를 통해서 사람을 차별한다. 외모가 잘난 사람은 더 많은 관심과 호의를 받기 때문에 사람들은 아름다워지기 위해서 노력한다.

하지만 가장 아름다우시고 영화로우신 그리스도께서 인간의 모습으로 오셔서 추악한 십자가에서 어그러지신 것은 신자에게 아름다움과 빛나는 의를 주시기 위함이다. 성육신과 십자가 대속을 믿는 신자는 외모에 대한 집착에서 해방될 수 있다. 아름다운 그리스도의 인격을 닮게 된다.

켈러는 예수 그리스도의 아름다움으로 옷 입은 신자라는 존재의 정체성이 외모지상주의에서 그들을 구원할 수 있다고 다음과 같이 설교한다.

뉴욕에 사는 사람은 외모와 겉모습에 병적으로 집착합니다. 야고보서는 외모에 지나치게 집착하는 문제를 지적합니다. 당신은 잘난 외모에 중독되었습니다. 당신은 잘난 외모에 강박증을 가지고 있습니다. 당신은 외모에 조정받고 있습니다.

어떻게 우리는 외모를 다루어야 할까요?

예수님을 보세요.

예수님은 그분의 영광을 어떻게 하셨나요?

빌립보서 2장에서 그리스도는 궁극적 영광이셨습니다. 그는 아름다움의 극치였고 영광스러운 분이었습니다. 당신은 밝은 태양을 맨눈으로 계속 쳐다볼 수 없습니다. 그 빛이 너무나도 밝기 때문입니다. 그러나 예수 그리스도의 아름다움과 영광은 태양빛과 비교할 수 없을 정도로 빛이 납니다. 당신이 감히 쳐다볼 수도 없는 영광의 모습입니다.

그러나 예수님은 그 영광을 포기하셨습니다. 그분은 이 땅으로 오셨습니다. 이사야 선지자는 그는 우리가 흠모할 만한 아름다움도 없다고 말씀합니다. 존경도 없습니다. 그분은 그분의 영광을 잃으셨습니다. 그는 모든 것을 포기하셨습니다.

왜입니까?

우리에게 당신의 영광을 입혀주시기 위해서입니다. 그분은 우리의 죄를 대신 지셨습니다. 그는 우리의 무거운 죄 값을 담당하셨습니다. 그는 수치와 멸시를 당하시므로 우리가 그분의 영광을 받게 하셨습니다.

요한복음 12: 32에서 "네가 땅에서 들리면 모든 사람을 내게로 이끌겠노라"고 말씀하시기 위해서 그분은 십자가에서 그분의 모든 영광을 버리셨습니다.

고운 모양도 없고 풍채도 없은즉 우리가 보기에 흠모할 만한 아름다운 것이 없도다(He has no beauty or majesty to attract us to him⋯)(사 53:2).

예수님은 우리를 매력적으로 만들기 위해 그분의 매력을 모두 포기했습니다. 예수님은 그분의 모든 아름다움을 버림으로 못생겨짐으로 당신의 백성이 영원한 아름다움을 갖게 하셨습니다.

4) 지옥: 기독교의 하나님은 화난 심판주가 아닌가?

(1) 잘 설명된 단어

켈러는 많은 청중이 가지고 있는 질문으로 지옥에 대해서 설교를 시작한다.

> 어떤 사람은 말합니다.
> "어떻게 지옥과 사랑의 하나님이 조화를 이룰 수가 있나요?"
> 지옥의 심판과 사랑의 하나님!
> 이 둘은 함께 갈 수 없습니다.

(2) 청중이 권위를 두는 가치를 인정하라

켈러는 '부자와 나사로' 비유를 통해 부자가 왜 심판 받았는지를 설명한다. 이를 설명하기 위해서 철학 용어 '최고의 선'(*summum bonum*)을 사용한다. 부자가 그의 마음에서 추구한 최고의 선은 명예와 부였다. 켈러는 부자가 추구한 최고의 선인 '명예와 부'가 사라질 때 그의 의미도 사라짐을 설명한다. 켈러는 물질만능, 황금만능의 시대를 살아가는 청중에게 본문에 등장하는 '부자'처럼 돈과 부만을 추구하는 삶을 경고한다.

> 철학자들은 최고의 선에 대해서 이야기합니다.
> 최고의 선은 무엇입니까?
> 당신의 삶의 목표입니다. 당신이 살아가는 이유입니다.
> 당신의 최고의 가치는 무엇입니까?
> 당신의 인생에서 최고의 의미는 무엇입니까?
> 당신의 최고의 것이 무엇이든 간에, 최고의 선은 궁극적 가치이며, 당신에

게 정체성을 주는 것입니다.

본문에 나오는 부자는 세상에서 그의 최고의 것을 가졌습니다. 과거 시제입니다. 지위와 부(Status and Wealth)가 그 부자에게 정체성을 주었습니다. 그러나 지금 그 지위와 부는 다 지나갔습니다. 지금 그 부자에게 남은 것은 없습니다. 그는 부자였지만 지금 남은 것이 아무것도 없습니다. 그의 정체성은 사라졌습니다. 그의 이름도 사라졌습니다.

왜냐하면, 그의 정체성 이었던 부와 지위가 사라질 때, 그의 정체성도 사라졌기 때문입니다(본문에서 거지 나사로의 이름은 나오지만, 그 부자의 이름은 나오지 않는다. 켈러는 이러한 이유가 그 부자는 자신의 부가 사라질 때 그의 이름도 사라졌기 때문으로 설명한다).

(3) 의심과 반대 의견 이해

켈러는 지옥에 대해서 불편한 마음을 드러내는 의견을 청중이 권위를 두는 웬디 케미너(Wendy Kaminer)[36]의 주장을 통해 소개한다. 그녀는 인본주의 입장에서 기독교의 지옥에 대해서 혹평한다. 지옥 교리가 예수님을 믿지 않는 사람들을 지옥 가게 함으로 민주 사회에 갈등을 조장하고 불신자들을 위협한다고 주장한다.

> 어떤 사람들은 '기독교 지옥의 교리가 사람들에게 공포심을 주고 사람들을 억압한다'라고 생각합니다. 웬디 케미너는 기독교 지옥 교리는 본질적으로 사회 분열을 초래한다고 주장합니다. 그녀는 우리는 모두 동등한 시민들이

---

[36] 미국 변호사이자 사회 비평자이며 작가로 종교, 여성 평등, 사회 정의 등에 관한 많은 책을 저술하였다. 그녀는 심판하시는 하나님에 대해서 다음과 같이 비판했다. "결국, 신은 분열을 일으키는 자이며, 연합을 만드는 자는 아니다. 왜냐하면, 비기독교인은 제아무리 헌신된 존재라 할지라도 지옥으로 보내기 때문이다." *The national*, August 25, 2005.

며, '한 부류가 다른 부류에 예수님을 믿지 않는다는 이유로 영원한 고통과 형벌을 부과하는 교리'를 비판합니다. 그녀는 말합니다.

"만약 당신이 우리가 잃어버린 자들이고 심판 받아 마땅한 자들로 생각한다면 당신은 우리를 동등한 시민으로 대우하지 않는 것이다. 당신은 우리를 멸시하는 것이다. 기독교인은 불신자를 사회의 끝으로 몰아넣습니다." 이러한 이의 제기는 성경이 말하는 지옥을 전혀 이해하지 못했기 때문에 하는 말입니다.

(4) 문화 담론의 기준선을 도전 문화

켈러는 뉴욕에 사는 사람들의 삶의 방식을 통해 지옥을 설명한다. 하나님 이외에 다른 것으로 만족을 얻고자 할 때 결국에는 지옥을 경험하게 된다. 뉴욕에 사는 사람들은 돈, 명예, 권력, 건강 등 이런 것을 인생 최고의 선으로 추구하며 만족과 행복을 얻고자 한다. 하지만 이러한 물질적인 것은 지속적 만족과 행복을 주지 못한다. 계속해서 행복을 유지하기 위해서 더 강도 높은 권력, 더 많은 돈, 더 자극적인 쾌락이 요구되기 때문이다.

이러한 중독 과정이 영원히 지속될 경우 성경에서 말하는 지옥이 발생한다. 인간의 이기심과 자기 중심성이 영원히 지속될 경우 인류는 대재앙에 봉착하게 되는데, 이것이 바로 지옥이다. 이러한 지옥에 대한 설명은 황금만능 시대를 살아가는 청중에게 부와 명예를 최고의 것으로 추구하는 삶이 문제가 있음을 직시하게 하는 데 효과가 있다.

우리는 중독의 파괴를 잘 알고 있습니다. 우리는 중독이 우리의 내면과 외면을 파괴하는 것을 잘 알고 있습니다. 중독에는 붕괴 현상이 있습니다. 중독 과정에서 당신은 더 높은 만족을 위해 더 강력한 중독성 물질을 추구하게 됩니다. 이러한 중독의 과정에서 당신은 더 많은 중독성 물질들이 필요하게 되고, 그것을 얻기 위해서는 무엇이든지 하지만 만족감은 지속적으로 충족되지 못합니다. 이러한 과정이 당신의 내면을 파괴합니다.

만약 성경에서 증거하는 육신은 죽어도 영혼은 영원히 죽지 않는다는 말씀이 맞는다면, 당신의 인식은 영원히 지속할 것입니다. 키에르케고르(Søren Kierkegaard)의 말처럼 죄가 하나님 이외에 다른 곳에 우리 최고의 가치를 두는 것이라면, 영원히 죽지 않는 인간의 영혼은 만족을 얻기 위해서 끝없이 욕심을 추구할 것입니다.

만약 하나님 이외의 것에 최고의 가치를 둔 중독 상태로 우리의 영혼이 영원히 존재한다면, 어떻게 될까요?

우리가 70세 정도의 인생을 산다면 그나마 괜찮을 수 있습니다. 그러나 우리가 영원히 존재한다면 매우 심각한 문제가 될 것입니다. 아마도 나의 나쁜 성질과 나의 질투심이 70세 정도까지 지속된다면 크게 문제가 되지 않을 수 있습니다. 그러나 백만 년 동안 그리고 영원히 이러한 과정이 지속이 된다면, 기독교에서 말하는 지옥이 이루어지게 될 것입니다. 지옥은 다른 사람을 비난하는 곳에서 시작될 것입니다. 영원히 존재하면서 다른 사람을 비난하고 불평하고 원망한다면, 그러면서 당신은 그 책임에서 제외하려고 한다면 그곳이 지옥입니다.

지옥을, 탐욕을 가진 인간들이 영원히 함께 거하면서 중독의 황폐를 맛보는 곳이라는 상징적 해석은 탁월하다. 그러나 이러한 켈러의 지옥에 대한 설명은 본문의 흐름과는 맞지 않는 부분이 있다. 본문은 부자가 이 세상에 자신의 끝임없는 욕심과 탐욕 때문에 황폐한 지옥과 같은 삶을 살았기보다는 반대로 부자는 이 세상에서 "날마다 호화롭게 즐기더라"(눅 16:19)라고 부자의 삶을 묘사했다.

대럴 벅(Darrell L. Bock)의 해석처럼 본문은 죽음 이후에 심판과 형벌이 있으며, 그 형벌은 영원하고 돌이킬 수 없다는 메시지를 전하고 있지만, 이 세상에서 욕심을 가지고 사는 것 자체가 지옥의 삶이 된다는 의미를 강조하는 본문은 아니다.

(5) 복음으로 문화의 압박점들을 제압

켈러는 지옥은 하나님을 떠난 인간의 삶에서 나타나는 현상임을 설명한다. 하나님이 인간을 지옥으로 보내는 것이 아니라 하나님을 떠난 인간이 스스로 지옥의 삶을 살게 된다.

> 예수님은 거듭남에 대해 질문하는 니고데모에게 말씀하셨습니다.
>
> 그를 믿는 자는 심판을 받지 아니하는 것이요 믿지 아니하는 자는 하나님의 독생자의 이름을 믿지 아니하므로 벌써 심판을 받은 것이니라(요 3:18).
>
> "벌써 심판을 받았다"라는 말씀은 하나님을 믿지 않고 다른 것을 최고의 가치로 믿고 살아가는 사람이 심판을 받는 것입니다. "이미 심판을 받았다"라는 것은 이미 지옥을 살고 있다는 의미입니다.

켈러는 하나님을 믿지 않는 사람 속에 있는 미움, 질투가 지속될 때, 지옥은 밖에서 안으로 들어가는 곳이 아니라 안에서 밖으로 나가는 문이 잠긴 곳이 된다고 설명한다. 하나님 이외에 다른 것에 최고의 가치를 두면서 살다가 그것이 문제가 생기거나 사라지게 되면 그 사람의 존재는 황폐한 지옥을 경험하게 된다. 이는 그들이 이미 예수님을 믿지 않음으로 심판을 받은 존재이기 때문이다.

켈러는 불신자의 관점에서 지옥의 한 측면을 탁월하게 설명한다. 지옥으로 가는 것은 하나님의 명령이 아닌 인간 스스로가 욕심에 빠져있기 때문임을 설명하면서 청중들에게 지옥이 나에게서 멀지 않는 곳에 있다는 것을 인식하게 한다.

> C.S. 루이스(C.S. Lewis)는 지옥을 묘사할 때마다 항상 지옥의 문은 안에서 잠겨 있음을 강조합니다. 지옥의 특성은 당신이 늘 만족하지 못하면서 "이것은 별로네요"라고 말하는 것입니다. 중독 증상에 있는 사람들은 늘 "이것은 별로입니다. 나를 만족시키지 못합니다"라고 말합니다. 저를 이해 못 하실 수도 있지만, 저는 다른 곳이 아니라 바로 그러한 사람들에게서 지옥을 봅니다. 그것이 바로 지옥입니다! 지옥입니다! 지옥입니다!

켈러는 본문에 등장하는 '부자'가 지옥에서 사는 사람의 인격을 보여 준다고 주장한다. 부자는 죄가 없는데 음부로 간 것이 아니다. 부자는 죄인으로 살았다. 그 죄인의 인격이 음부에서 드러난다.

> 부자는 놀랍게도 지옥에서도 책임 전가, 즉 자신의 죄를 인정하지 않음을 보여 주고 있습니다. 예를 들면, 나사로는 천국에 있습니다. 부자는 지옥에서 천국에 있는 나사로를 바라보고 있습니다. 부자는 지옥에서도 아브라함에게 "나사로의 손가락 끝에 물을 찍어 내 혀를 서늘하게 하소서"라는 요청을 합니다. 부자는 나사로가 그에게 와서 그를 갈증을 해소해 주기를 바랍니다. 부자는 세상에서 섬기는 삶이 아닌 섬김을 받은 삶을 살았던 것처럼 여전히 나사로가 그를 섬겨주기를 바라고 있습니다. 그는 지옥에서 나를 꺼내 달라고 요청하지 않습니다. 그는 나사로가 천국에서 지옥으로 오라고 요청합니다.
>
> 부자는 아브라함에게 넌지시 그가 충분한 정보가 없기 때문에 지옥으로 온

것처럼 이야기합니다.

내 형제 다섯이 있으니 그들에게 증언하게 하여 그들로 이 고통 받는 곳에 오지 않게 하소서 (눅 16:28).

부자의 이러한 발언에는 그는 충분한 증언을 받지 못했고 내가 지옥에 온 것은 내 책임보다는 충분한 증언를 받지 못했기 때문이라는 어조로 말합니다. 그는 지옥에서 자신의 죄를 인정하거나 겸손과 섬김의 모습은 보이지 않습니다. 다만 누군가를 보내서 나를 시원하게 해달라는 부탁을 합니다…. 이것이 C.S. 루이스의 말입니다.

결국 지옥의 교리에 대해서 우리는 '하나님이 원하시는 것이 무엇인가?'를 질문해야 합니다. 하나님은 인간 과거의 모든 죄를 지워버리고, 죄의 값을 모두 치루시고 그들에게 다시 시작할 기회를 주는 것입니다. 그런데 하나님은 이미 갈보리 십자가에서 그렇게 하셨습니다.

마지막 심판 때는 두 종류의 사람이 있습니다.

하나님께 "당신의 뜻이 이루어지리이다"(Thy will be done)라고 말하는 사람과 하나님께서 그 사람에게 "너의 뜻이 이루어지리라"(Thy will be done) 하는 말을 듣는 자들입니다. 지옥은 본인의 선택입니다. 자신의 선택 없이는 지옥도 없습니다.

인간은 서로에게 행한 폭력과 억압에 대해서 서로 복수하는 과정을 반복한다. 이러한 복수를 멈출 수 있는 유일한 방법으로 켈러는 지옥을 만드시고 심판하시는 하나님의 존재를 설명한다.

켈러는 미로슬라브 볼프의 책을 통해 인간이 심판주 하나님을 믿을 때 복수의 굴레에서 벗어난 삶을 살 수 있다고 설명한다.

미로슬라브 볼프는 크로아티아인으로 발칸 반도의 끔찍한 폭력을 직접 경험했습니다. 그는 여러 해 동안 사람들이 끝없는 복수와 응징의 반복 속에 갇혀 있는 것을 보았습니다.

"너희가 우리에게 이렇게 했어, 우리도 너희에게 갚아 줄게, 너희가 우리에게 또 이렇게 했어, 우리가 다시 너희에게 갚아 줄게."

그는 자기의 책인 『배제와 포용』(Exclusion and Embrace)[37]에서 복수의 사이클은 하나님의 심판에 대한 믿음에 의해서가 아니라 오히려 하나님의 심판에 대한 믿음의 부재에서 온다고 말합니다. 그는 "만약 하나님이 불의에 화내시지 않는다면, 그런 하나님은 예배 받으실 가치가 없다"라고 말했습니다. 그는 비폭력의 실행을 위해 인간에게 반드시 신적 복수와 심판에 대한 믿음이 요구됨을 말합니다.

만약 어떤 사람들이 그들의 집이 불타고 가족들이 잡혀가거나 죽임을 당하는 장면을 본다면 당신은 당장 가서 칼을 짚어 들고 복수의 굴레 속으로 빨려 들어갈 것입니다.

이런 상황 속에서 폭력이 문제 해결 방법이 아니라고 말할 수 있나요?

그렇다면 정의는 전혀 고려되지 않은 상황입니다. 볼프는 폭력 때문에 벌어지는 복수의 굴레와 인간의 마음에 있는 정의 실현이 동시에 만족될 수 있는 충분한 능력은 오직 "모든 것을 바로 잡으실 수 있는 하나님에 대한 믿음"이라고 했습니다.

(6) 복음의 삶으로 초대

켈러는 복음을 '지옥 불을 끄는 수단'으로 소개한다. 그리스도인의 마음에 늘 하나님의 은혜를 담고 그 은혜가 동력이 되어서 살아간다면 지옥 불

---

[37] Mirosalv Volf, *Exclusion and Embrace: A Theological Exploration of Identity, Otherness, and Reconciliation* (Nashville: Abingdon Press, 1996)

을 끌 수 있다고 설교한다. 켈러는 어떤 주제를 설교해도 결론은 예수 그리스도의 십자가와 부활하심으로 그 해결책을 제시한다. 그리스도인이 자신의 정체성을 하나님의 은혜와 사랑에서 찾을 때, 내면에서 불쑥불쑥 올라오는 지옥의 불을 진화시킬 수 있다.

> 우리의 내면을 살펴야 합니다. 영혼이 중독되려 할 때 어떻게 그것을 해결할 수 있는지를 아는 것은 매우 중요합니다. 지옥 불이 내 마음에 올라올 때, 내가 어떤 마음을 가지고 살아가는가를 통해 그 불을 꺼버릴 수 있습니다. 당신은 복음을 담고 살면 지옥 불을 꺼뜨릴 수 있습니다. 당신은 은혜를 담고 살면 지옥 불을 진화할 수 있습니다. 항상 반복적으로 그 마음에 복음, 은혜를 담아야 하는 것이 핵심입니다.
> 당신은 진정 누구십니까?
> 당신의 정체성의 핵심에는 무엇이 있습니까?
> 예수님, 하나님께서 예수님 안에서 하신 일, 예수님 안에서 하나님이 나를 얼마나 기뻐하시는지, 당신의 마음에 왕의 자녀로 우리에게 주실 새 하늘과 새 땅이 있습니까?
> 당신은 이러한 근본적 정체성이 있습니까?
> 어떤 상황에서도 상관없는, 어떤 일이 일어나도 흔들리지 않는 정체성을 가지고 있습니까?
> 당신은 사업가입니까?
> 예술가입니까?
> 어머니입니까?
> 아버지입니까?
> 당신이 무엇을 하든 당신의 마음속 깊은 곳에는 하나님 아버지께서 주신 부르심의 사명이 있습니까?

지옥은 하나님의 정의로운 심판이 실현되는 곳이다. 동시에 지옥은 하나님의 사랑이 얼마나 크고 깊은지 보여 주는 곳이다. 예수님은 십자가 지옥을 경험하셨다. 십자가에서 육체의 고통과 수치와 모욕을 받으셨다. 십자가에서 정서적으로도 하나님 아버지와 분리되셨다. 하나님으로부터 거절당하셨다. 만약 지옥의 교리가 없다면 하나님이 우리를 얼마나 사랑하셨는지를 알 수 없을 것이다.

부자는 그의 다섯 명의 형제들을 위해서 아브라함에게 무엇을 부탁합니까? 본문의 마지막 절을 보세요.
"나는 기적을 원합니다. 나사로를 다시 보내주세요."
부자는 말합니다.
"만약 당신이 기적과 같이 한 죽은 사람을 부활시켜서 나의 형제들에게 보내준다면 그러면 모든 것이 좋아지게 될 거에요."
아브라함은 안 된다고 말합니다.
이 부분에서 무언가 떠오르는 것이 있습니까?
무엇이죠?
예수님이 죽음에서 부활하시지 않으셨나요?
예수님이 부활하시지 않았나요?
예수님은 부활하셨습니다.
예수님이 부활하신 것으로 충분하지 않습니까?
어떻게 지옥을 피할 수 있나요?
왜 예수님이 죽으시고 부활하셔야 하는지를 알면 됩니다.
모세와 선지자들은 왜 예수님이 죽으셔야 한다고 하셨나요?
해답은 하나님의 뜻 때문에 예수의 육체가 상한 것입니다.
우리는 채찍에 맞으시고 징계받고 고통받으신 예수님을 봅니다.

하나님은 예수님이 망가지고 손상당하고 속죄 제물이 되게 하셨습니다.
그 결과는 무엇입니까?
예수님의 고통의 결과는 우리가 나음을 입고 회복되었습니다.
당신은 예수님이 당신을 위해서 얼마나 고통을 받으셨는지를 알기 전까지는 진정으로 예수님의 사랑을 알 수 없습니다.

5) 문자주의: 성경은 역사적 신뢰성이 없고 퇴보해 가는 책이 아닌가요?

(1) 잘 설명된 단어

포스트모던 청중은 성경을 절대 진리로 신뢰하지 못한다. 불신자들뿐만 아니라 신자들까지도 성경을 온전히 믿지 못하는 시대이다. 켈러는 설교를 시작하면서 포스트모던 청중이 가지고 있는 성경에 대한 의심을 그대로 언급하면서 시작한다.

성경에는 좋은 내용이 많이 있습니다. 그러나 당신은 모든 사람이 성경에 나온 말씀을 문자 그대로 따라야 한다고 주장할 수 없습니다. 왜냐하면, 성경에는 틀린 부분도 있기 때문입니다. 어떤 부분은 역사적으로 신뢰할 수 없습니다. 신화가 성경에는 포함되어 있습니다. 무엇보다도 성경은 문화적으로 퇴보된 책입니다. 그러므로 성경에 좋은 부분이 있는 것은 사실이지만 성경 전체를 신뢰하라고 성경의 절대 권위를 주장해서는 안 됩니다.

(2) 청중이 권위를 두는 자료 사용

댄 브라운(Dan Brown)의 역사 추리 소설 『다빈치 코드』(The Da Vinci Code)는 전 세계적으로 3,000만 부 이상 팔린 초대형 베스트셀러이다. 댄 브라운은 역사적 사실과 허구를 적절하게 조합하여 독자들에게 혼란과 동시에 거대한 반향을 불러 일으켰다. 켈러는 댄 브라운이 『다빈치 코드』에서 주장하는 것처럼 기독교가 로마 제국 내 종교 경쟁에서 성공했기 때문에 번성한 것이 아님을 분명히 한다. 오히려 기독교가 4세기 이전까지 약 300년의 박해와 억압 속에서 확산되었음을 강조한다.

> 사람들은 『다빈치 코드』를 읽고 예수님 신성은 역사적 사실이기보다 후대에 만들어진 이야기로 생각합니다. 한 역사가는 『다빈치 코드』를 읽고, 다음과 같이 주장했습니다.
> "콘스탄티누스 황제는 예수를 신으로 선언했습니다. 이러한 선언으로 기독교가 로마 제국의 종교 경쟁에서 승리하게 되었는데 이는 기독교의 자체의 매력에 의해서가 아니라 정치적 힘에 의해서였습니다."
> 이러한 주장은 잘못입니다. 교회사에서 기독교가 로마 제국에서 종교 경쟁에서 승리한 것은 맞습니다. 그러나 공식적 종교로 인정받기 훨씬 이전부터 기독교는 긴 박해와 탄압의 시간을 이기고 종교 간 경쟁에서 승리했습니다.

(3) 구약의 일부다처제, 장자 상속권

성경을 믿지 못하는 사람 중에는 성경이 21세기 문화와 역행한다고 믿는 부류가 있다. 예를 들면, 구약성경에 나타나는 일부다처제, 장자권제, 전쟁을 통한 학살과 신약성경의 노예 제도 옹호 등이 있는데 이러한 문화가 21세기 문화에서는 전혀 맞지 않기 때문에 성경을 믿을 수 없다는 사람이다. 이러한 주장에 대해서 켈러는 로버트 알터(Robert Alter)의 구약성경 해석을 통해서 그들의 생각을 교정해 준다.

> 로버트 알터(Robert Alter)는 고대 시대 전문, 유대인 학자입니다. 그는 버클리대학교에서 가르쳤습니다. 그의 책 『성서의 이야기 기술』(*The Art of Biblical Narrative*)에서 고대 근동 시대에 공통으로 나타나는 두 가지를 제도가 창세

기에도 나타나고 있음을 지적합니다. 하나는 일부다처제(Polygamy)이고, 다른 하나는 장자 상속권(Primogeniture)입니다.

일부다처제는 한 명의 남편이 여러 아내를 취하는 것입니다. 장자 상속권 제도는 장자가 가족 안에서의 모든 재물, 힘을 갖는 것입니다. 일부다처제나 장자 상속권 제도는 매우 가부장적인 제도입니다.

그러나 당신이 실제로 창세기를 읽는다면 **두 가지**를 보게 됩니다.

첫째, 모든 세대에서 일부다처제는 가정에 혼란을 주었습니다. 성경에 나타나는 모든 문화에서 여러 명의 아내를 취한 것은 재앙이었습니다. 사회적, 문화적, 감정적, 육체적, 관계적, 가족적, 영적 모든 면에서 여러 명의 아내를 취하는 것은 재앙이었습니다.

둘째, 장자 상속권에 있어서는 각 세대마다 하나님은 장자보다 어린 자에게 은혜를 주셨습니다. 가인이 아니라 아벨이었습니다. 이스마엘이 아니라 이삭이었습니다. 에서가 아니라 야곱이었습니다.

로버트 알터는 말합니다.

"당신이 창세기가 실제로 말하는 것을 깨닫는다면. 창세기는 그 당시의 문화에 순종하는 것이 아니라 고대 장자권 제도를 각 장면들에서 전복시키고 있는 것임을 알게 됩니다."

(4) 신약의 노예 제도

켈러는 성경을 21세기 문화의 기준으로 볼 때 문화적으로 퇴보한 책이라는 견해에 오해가 있음을 설명한다. 21세기 독자들이 성경의 원래의 가르침을 바로 알지 못한 채 문화적 편견을 가지고 성경을 읽고 있음을 지적한다. 켈러는 신약성경에서 말하는 노예와 포스트모던 독자들이 생각하는 노예가 다르다고 설명한다.

신약성경에서 말하는 1세기 노예들은 오늘날의 계약직 노동자와 같은 개념임을 설명한다. 1세기 노예들은 전문 기술을 가지고 있었으며, 일정 기간 동안 주인을 위해서 일하는 관계였다. 또한, 켈러는 신약성경은 16세기에서 18세기 사이에 발생했던 흑인 노예 무역을 철저하게 반대하고 있음을 설명한다.

> 만약 당신이 신약성경에서 바울이 말하는 주인과 노예 관계가 빌레몬과 오네시모라는 것을 알게 되는데, 그 관계는 계약직 노동자(Indentured servant-hood)를 부르는 것입니다. 성경에서 말하는 노예는 당신이 생각하는 노예가 아닙니다. 당신은 성경에서 노예라는 단어를 보면, 16-18세기 흑인 노예들을 생각할 것입니다. 당신이 근대 노예라는 문화적 편견을 가지고 성경을 본다면 당신은 성경을 바로 이해할 수 없습니다.
> 머리 해리스(Murray Harris)[38]는 1세기 그리스 로마 지역의 노예들에 대해서 책을 저술하였습니다. 그는 1세기 노예는 일반인들과 입는 옷, 인종, 언어 사용에서 다르지 않았다고 말합니다. 또한, 1세기 노예들은 많은 경우 주인보다 더 교육받았으며 전문 기술을 가지고 있었습니다. 경제적으로 노예들은 일반 노동자들과 같은 수준의 임금을 받았습니다. 평생 노예들은 극소수였으며, 대부분은 10년 후나 혹은 30대 후반이 되면 자유롭게 되었습니다.
> 반면에 미국에 16-18세기의 노예들은 인종에 따라 노예를 삼았고, 평생 노예로 속박당했습니다. 또한, 아프리카의 노예 무역은 무력과 납치를 통해서 가능했는데 이러한 인신 매매는 성경에서 금지(딤전 1:9-11; 신 24:7)하는 것입니다.
> 요점은 이것입니다. 누군가가 "성경은 노예를 옹호합니다"라고 말한다면

---

[38] 머리 해리스(Murray J. Harris, 1939-)는 시카고 트리니트신학교(Trinity Evangelical Divinity School) 신약학 명예교수이며, 영국 케임브리지대학교 Tyndale House 학장이었다.

당신은 "아닙니다. 그렇지 않습니다"라고 말해야 합니다.

(5) 후대에 만들어진 성경

포스트모던 청중 가운데 성경이 후대에 제자들이나 교회 지도자들에 의해 만들어진 내용으로 주장하는 사람들이 있다. 켈러가 이러한 주장을 설교 중에서 자주 언급하는 것은 뉴욕에 사는 사람들 가운에 이러한 의심을 품은 많은 사람이 존재하기 때문이다. 이러한 주장에 대해 켈러는 성경 자체 내용을 통해서 반박한다.

성경을 믿지 않는 사람 중에는 다음과 같이 말하는 사람들이 있습니다. "성경은 무엇이 실제로 발생했는지를 알려 주지 않습니다. 그 대신 교회 지도자들이 대중이 믿기 원하는 복음을 기록한 것입니다. 그 이유는 대중에게 위로와 힘을 주는 예수를 통해 종교 지도자들이 원하는 예수 운동을 확산시키기 위해서입니다."

정말 그런가요?

예수님의 승천 후, 70-80년 흐른 뒤 교회 지도자들이 성경의 이야기를 만들어냈다면, 예수님이 겟세마네 동산에서 기도하신 "아버지여, 할 수 있거든 이 잔을 지나가게 하소서"라는 내용을 포함시킬 수 있을까요?

이 말은 '하나님 구원 역사에서 나를 빼주세요'라는 요청입니다.

맞나요?

또한, 예수님이 십자가에서 하나님께 "왜 나를 버리셨나요?"라고 말할 수 있나요?

보세요. 이러한 본문은 오늘날에도 혼돈스럽고 도발적입니다.

1세기 독자들은 어떨까요?

또한, 만약 내가 이러한 이야기를 만든다면, 24절 같은 말씀을 만들까요?

죽음에서 부활하신 예수님을 직접 목격한 증인들은 여인들이었습니다. 당시 여인들의 증언은 법정에서 증거로 공신력이 없었을 때입니다. 여성들의 사회적인 지위가 낮았기 때문입니다. 마태, 마가, 누가 그리고 요한복음에서 최초로 부활을 목격한 자들은 여인이었습니다. 만약 당신이 이야기를 만들어낸다면, 당신은 여인을 부활의 첫 번째 목격자로 하지 않을 것입니다. 만약 당신이 당신의 권력을 강화하고자 한다면, 당신은 결코 그렇게 하지 않았을 것입니다.

그뿐 아니라 초기교회의 리더들은 사도들의 계승자들이었습니다. 신약성경을 보면 사도들은 마치 얼간이 같아 보일 때도 많았습니다. 바보 같은 사도들의 모습이 있었습니다. 그들은 믿기에 둔한 자들이었습니다. 겁쟁이였습니다.

만약 당신이 초대교회의 리더라면 그들의 약점과 부끄러운 이야기를 기록했을까요?

그렇지 않았을 것입니다. 그러한 이야기들이 기록될 수 있는 이유는 그것이 진짜 일어난 사건이기 때문입니다.

(6) 복음으로 문화의 압박점을 제압

성경의 권위를 인정하는 것은 하나님을 믿는 기초가 된다. 왜냐하면, 하나님의 말씀을 부분적으로만 믿게 되면, 하나님을 온전히 믿을 수 없기 때문이다. 성경의 권위를 인정하지 않게 되면 부분적으로만 성경을 신뢰하게 된다.

만약 우리가 어떤 사람과 사귀면서 그 사람의 말을 일부만 믿고 일부는 믿지 않는다면 바른 관계가 형성될 수 없다. 모든 성경이 하나님의 말씀이라는 것을 믿지 못한다면 하나님과 바른 관계를 맺을 수가 없다. 내 이성이나 감정이 믿을 수 있는 말씀만 믿고 그렇지 못한 말씀은 신뢰하지 못한다면 하나님을 온전하게 믿는 것이 아니다. 그것은 하나님을 믿는 것이 아니라 내 이성과 감정을 믿는 것이 되기 때문이다.

모든 성경이 하나님의 말씀이라는 의미는 모든 성경 본문을 통해서 예수 그리스도를 만날 수 있다는 의미입니다.
누가복음 24:32을 보세요.
엠마오로 가는 제자들은 그들이 길에서 말하던 것을 돌아보면서 말했습니다.

그들이 서로 말하되 길에서 우리에게 말씀하시고 우리에게 성경을 풀어 주실 때에 우리 속에서 마음이 뜨겁지 아니하더냐 하고(눅 24:32).

영어로 마음은 감성의 자리입니다. 당신과 내가 마음을 생각할 때, 우리는 '감정의 자리'로 이해합니다. 성경에서 마음은 전인격의 장소입니다.
어떻게 예수님은 그들의 마음이 뜨겁게 했나요?
성경 말씀을 그들에게 올바로 설명해 주셨습니다.

우리 대제사장들과 관리들이 사형 판결에 넘겨주어 십자가에 못 박았느니라 우리는 이 사람이 이스라엘을 속량할 자라고 바랐노라 이뿐 아니라 이 일이 일어난 지가 사흘째요(눅 24:20-21).

보이시나요?
우리는 그가 우리를 구원할 것으로 예상했지만 그는 십자가에서 죽었습니다.
예수님은 엠마오로 가는 제자들에게 "너희가 성경을 오해하였다"라고 말씀하십니다.
그들이 무엇을 오해하였습니까?

그리스도가 고난을 받고 영광으로 들어가게 될 것을 이해하지 못했습니다. 예수님은 "이에 모세와 모든 선지자의 글로 시작하여 모든 성경에 쓴 바 자기에 관한 것을 자세히 설명"(눅 24:27)하셨습니다. 제자들은 예수님께 성경 말씀을 자세히 들을 때에 그들의 마음이 뜨거워졌습니다. 그들의 전 인격이 예수님을 통해서 변화되었습니다.

성경을 읽는 **두 가지 방법**이 있습니다.

첫 번째 방법은 성경을 읽는데 당신의 축복을 위해 당신이 해야 하는 일이 무엇인가에 집중하면서 읽습니다.

두 번째 방법은 성경을 읽으면서 모든 본문에서 예수님을 찾는 것입니다. 예수님께서 당신을 위해 하신 일을 찾는 것입니다.

성경을 읽을 때 '당신 중심으로 읽느냐, 아니면 예수님 중심으로 읽느냐?' 두 가지 방법이 있습니다….

당신은 말씀에서 예수님을 발견할 때 목적을 찾고, 사랑을 발견하고, 세상에서 찾을 수 없는 의미와 안전과 만족을 얻을 수 있습니다. 말씀에서 예수님을 찾기 전에는 당신의 마음에서 만족을 찾을 수 없었습니다. 당신이 성경을 읽으며 예수님을 찾을 때 예수님을 만날 수가 있습니다.

켈러는 문화적으로 맞지 않기 때문에 성경을 신뢰할 수 없다고 말하는 사람들에게 "성경에서 문화와 맞지 않는 것 같아 보이는 부분이 바로 하나님의 계시라는 진정성을 나타낸다"라고 설명한다. 성경이 정말 하나님에게서 온 계시의 말씀이라면 특정한 문화 안에서 생산된 것은 아니다. 계시된 말씀은 특정 문화가 아니라 하나님에게서 나와야 한다.

만약 성경이 하나님에게서 나온 말씀이라면 모든 문화와 상충하는 부분을 당연히 갖는다. 오히려 성경이 나의 문화와 모든 부분에서 일치한다면 그것은 하나님에게서 온 말씀이기보다는 나의 문화에서 나온 말씀일 것이라고 설명한다.

당신이 성경을 읽을 때, 어떤 부분은 당신의 문화에서는 공격적이거나 터무니없게 느껴질 수도 있습니다. 성경이 당신의 문화와 상충하는 부분이 있다는 것이 오히려 하나님에게서 온 계시임을 증명할 수 있습니다.

"원수를 사랑하라, 오른뺨을 때리거든 왼편도 돌려대며, 속옷을 가지려는 자에게 겉옷도 가지게 하며 원수를 사랑하라…" 등등, 이러한 주장들은 우리의 문화와 거슬리는 말씀들입니다. 이것은 성경이 특정 문화에서 나온 산물이 아니라 하나님에게서 온 계시이기 때문입니다.

5. "우리가 믿는 것: 기초들" 설교 분석

2015년 9월부터 11월까지 켈러는 "우리가 믿는 것: 기초들"(What We Believe: Foundations)이라는 제목으로 시리즈 설교를 했다. 그리스도인으로 가장 중요한 기초는 우리가 믿는 성경이다. 성경을 어떻게 이해하고 성경을 어떻게 여기는가는 기독교의 근본이 되는 문제이다.

여기서는 성경의 권위에 관한 설교 2편, 즉 "성경과 역사"(The Bible and History), "성경과 경험"(The Bible and Experience) 설교를 분석할 것이다("나는 믿는다"[I believe] 설교는 제3장, 2. "켈러의 변증 설교를 위한 6가지 건강한 실천 요소들"에서 이미 다루었기 때문에 다시 분석하지는 않겠다).

<표 11> 우리가 믿는 기초들

날짜	제목	본문
2015.9.13.	1. 성경과 역사 (The Bible and History)	눅 1:1-4; 24:25-32
2015.9.20.	2. 성경과 경험 (The Bible and Experience)	벧후 1:12-21
2015.10.4.	3. 나는 믿는다 (I believe)	행 17:16-34

1) 성경과 역사

켈러는 성경을 설명하면서 먼저 역사성을 말한다. 이는 포스트모던 청중 가운데 성경을 전설 혹은 신화로 보는 사람들이 있으며, 성경을 A.D. 4세기경에 종교지도자들의 필요에 의해서 만들어진 이야기로 오해하고 있는 사람들이 있기 때문이다. "성경과 역사" 설교 분석은 켈러가 사용하는 역사적 자료를 중심으로 분석하겠다.

(1) 잘 설명된 단어

켈러는 성경의 역사성을 설교를 하면서 다음과 같이 시작한다.

> 그리스도인으로서 성경보다 더 기본이 되는 것은 없습니다. 우리가 믿는 것과 어떻게 살아야 하는지 기준이 되는 성경을 어떻게 이해하고 접근해야 하는지는 그리스도인으로서 가장 근본적 질문입니다.

(2) 청중이 권위를 두는 가치를 인정하라

켈러는 성경의 역사성을 의심하고 부인하는 의견을 소개하기 위해 「허핑턴 포스트」(Huffington Post), 「뉴스위크」(Newsweek) 기사 내용을 소개한다. 켈러가 '성경과 역사' 설교에서 성경의 역사성을 변증하기 위해서 사용한 자료들은 리차드 보쿰(Richard Bauckham)의 『예수와 목격자』(Jesus and the Eyewitnesses), 이레니우스(Irenaeus, 130-202)의 『소위 영지주의라 불리는 자들을 발견하고 이기기 위해』, 영국 존리랜드도서관박물관(John Rylands Library museum)에 전시된 파피루스(Papyrus) P52 자료들 등이다.

이러한 자료들을 어떻게 사용했는지 계속해서 소개하겠다.

(3) 의심과 반대를 이해하고 있음을 보여 주라

켈러는 청중이 권위를 두는 자료들을 인용하여 성경에 대해서 갖고 있는 질문과 의심들을 언급한다. 포스트모던 세대가 가지고 있는 성경에 대한 의심은 크게 두 가지로 볼 수 있다.

첫째, 성경의 역사성이다.
둘째, 성경의 내용을 신뢰할 수 있는가이다.

켈러는 성경의 역사성에 대한 질문에 변증할 때는 역사적 사료들을 사용한다. 성경의 내용을 믿을 수 없다는 의심에 대해서는 그 내용을 사용하여 신뢰성을 설명한다.

켈러는 「허핑턴 포스트」, 「뉴스위크」[39] 기사들 가운데 성경의 역사성을 부

---

[39] 커트 아이첸왈드(Kurt Eichenwald)는 「뉴스위크」 베스트셀러 작가이며 20년 넘게 「뉴스위크」 기자와 칼럼리스트로 일하고 있다. 그는 16페이지 분량으로 성경의 역사성과 신뢰성에 문제가 있음을 지적했다. Kurt Eichenwald, "The Bible: So Misunderstood It's a Sin"

인하는 글을 소개한다. 포스트모던 청중 가운데는 이런 글을 읽고 성경을 의심하는 자들이 있기 때문이다. 켈러는 성경에 대한 다음과 같은 문제를 먼저 소개한다.

첫째, 예수님이 죽은 후 많은 전설(Legends)이 퍼졌다. 전설들은 구전으로 전해졌다. 시간이 흐르면서 예수님의 삶이 알려졌다. 물론 이러한 과정에서 전설은 변경되고 장식되었다.

둘째, 이런 다수의 전설들이 기록되었다. 그 결과로 우리는 사복음서와 다양한 예수님의 전기 이야기를 가지고 있다.

셋째, 300년 후에, 마침내 교회 안에 권력자들은 네 권의 복음서를 선택함으로 권력을 강화했다. 사복음서는 4세기 교회 지도자들의 리더십을 지지하기 때문에 선택되었다.

「허핑턴 포스트」의 한 아티클은 말합니다.

"편집된 영화 필름처럼 남겨진 여러 복음서들이 방에 남겨져 있습니다."

켈러는 위의 주장이 왜 틀렸는지를 일반 역사학자들이 사용하는 방법을 사용해서 설명한다. 켈러는 먼저 누가복음의 서론 부분에서 목격자의 진술 때문에 기록되었음을 설명한다. 켈러가 복음서가 목격자의 진술 때문에 기

Newsweek, 23 December, 2014. 그는 이 아티클에서 요 7:35-8:11의 '간음한 여인 이야기'는 중세 시대에 성적으로 문란한 사제들이 그들의 정당성을 부여하고자 성경에 추가한 것이라고 했으며, 마가복음이 막 16:8로 끝나는데 이는 매우 이상한 결말이라고 주장했다. 또한, 그는 콘스탄티누스 황제는 기독교로 회심하기 전이나 후, 동일하게 '잔인한 사회 인격 장애자'(a brutal sociopath)의 모습을 보였으며, 그의 리더십 아래서 신약성경과 삼위일체 교리, 예수의 신성, 안식일에서 주일로 변화, 성탄절 12월 25일 제정 등이 만들어졌다고 주장했다. 이 아티클에 대해 미첼 브라운(Michel Brown) 교수가 반박하는 글을 실었다. Michel Brown, "A RESPONSE TO *NEWSWEEK* ON THE BIBLE," *Newsweek*, 15 January, 2015.

록되었다는 것을 강조하는 이유는 성경을 전설이나 신화로 보는 청중에게 성경의 역사성을 설명하기 위해서이다.

10년 전에 리차드 보쿰(Richard Bauckham)은 『예수와 목격자』(Jesus and the Eyewitnesses)라는 책을 저술했습니다. 보쿰은 그의 책에서 1세기 역사가들은 목격자들의 증언에 가장 큰 권위를 둔다는 점을 지적합니다. 보쿰은 말합니다. 살아 있는 목격자보다 더 가치 있는 역사적인 자료는 없습니다.

당신이 역사가의 책을 읽을 때, 사실 관계를 확인하는 것은 매우 힘듭니다. 오늘날에는 원자료들을(Primary sources) 검색하거나 찾으면 됩니다. 도서관에 가서 원자료를 찾고 그 사실 관계를 확인하면 됩니다. 1세기에는 사실 관계를 확인하는 최고의 방법은 살아 있는 증인을 증거로 제시하면 됩니다.

보쿰은 누가복음 1:1-4의 글의 스타일, 형태는 나머지 부분과 확연한 차이를 보이고 있음을 지적합니다. 이것은 누가가 첫 시작 네 절에서 특별한 역사적인 언어를 사용하고 있는 것을 보여 줍니다. 역사가가 말하는 방식으로 시작하고 있습니다.

"이 글은 허구가 아닙니다. 전설이 아닙니다.

이 복음서는 목격자의 증언입니다."

그 목격자들은 살아 있습니다.

(4) 2세기 이레니우스의 증언

켈러는 성경이 1세기 이전에 기록된 점을 설명한다. 예수님이 죽으신 후, A.D. 60-90년 사이에 신약성경은 저작되었고, 그리스도인들 사이에서 널리 받아들여졌다는 사실을 강조한다. 이러한 근거로 이레니우스의 글을 증거 자료로 제시한다. 이레니우스는 2세기 인물인데 그의 글에서 오직 사복음서만 있으며, 각 복음서를 기록한 저자들까지도 밝히고 있다.

> 여러 복음서가 있기 전에 널리 인정받은 복음서는 오직 사복음서입니다. 복음서의 기자들이 다른 자료들을 사용했다고 볼 수는 있습니다. 그러나 1세기에 그런 자료들이 존재했을지라도 사복음서 외에 다른 복음서들이 여러 사람에게 펴졌는지, 여러 사람에게 펴지도록 의도되었는지, 교회 안에서 권위 있는 책으로 인정받았는지에 대한 증거가 없습니다.
> 이레니우스는 분명하게 주장합니다. 교회는 사도 때부터 권위 있는 사복음서를 받아들였습니다. 마태, 마가, 누가, 요한복음입니다. 이레니우스는 이러한 주장을 2세기 초에 했습니다. 이레니우스의 주장은 복음서가 4세기에 만들어진 것이라는 주장보다 훨씬 앞선 주장입니다.[40]

이레니우스(Irenaeus, 130-202)는 그의 저서 『이단적 교의들에 대한 반박』(*Adversus Haereses*)에서 "복음서는 네 개다. 더도 덜도 아니다"(The gospels are four in number, neither more nor less)라고 기록하고 있다. 그는 『이단적 교의들에 대한 반박』에서 복음서 저자들까지 소상하게 밝히고 있는데, 이는 이미 이레니우스 때 훨씬 이전부터 성경이 완성되어서 광범위하게 읽히고 있음을 증명하는 것이다. 이레니우스는 그의 책에서 소상하게 밝히고 있다.

> 마태는 히브리인들에게 복음을 전하기 위해서 마태복음을 기록하였고, 마가는 베드로의 통역가로서 마가복음을 기록하였고, 누가는 바울의 동역자로서 누가복음을 기록하였고, 예수님의 품에서 배웠던 제자 요한은 아시아 에베소에서 목회하면서 요한복음을 기록하였다.

---

[40] Charles E. Hill, "*The Conspiracy Theory Of The Gospels*," *Huffington Post*, 18 Octerber, 2010.

이러한 그의 주장은 사복음서가 3세기에 쓰여졌다는 주장을 반박하는 역사적 자료가 된다.

(5) 파피루스 P52

켈러는 역사적 파피루스 자료인 P52를 소개한다. P52는 요한복음 18장이 기록되어 있는 파피루스이다. 현재 영국 박물관에 보존되어 있는데, P52는 2세기 초반 자료로 밝혀졌다. 이러한 역사적인 증거 자료를 통해 성경이 A.D. 300년대 이후에 로마 권력층에 의해서 선택되거나 편집되었다는 주장은 사실에 근거하지 않는 잘못된 주장임을 설명한다.

> 사복음서는 목격자들이 살아 있는 동안에 기록되었습니다. 한 가지 증거를 말씀드리겠습니다. P52입니다. P52는 요한복음 18장이 기록된 파피루스 조각으로 이집트에서 발견되었습니다. P52는 영국 존리랜드도서박물관(John Rylands Library museum)에 전시되어 있습니다.
>
> 이집트 한 곳에서 발견된 P52는 A.D. 100-110년의 문서로 밝혀졌습니다. 1세기는 모든 책들을 손으로 필사했기 때문에 요한복음이 사람들에게 읽혀지고 알려지는 시간을 계산하면 사복음서는 A.D. 85년, 혹은 90년 그 이후로 볼 수 없습니다.[41] 이 말은 사복음서는 예수님이 죽으시고 30-60년

---

[41] 사복음서의 기록 시기는 매우 다양한 견해를 가지고 있다. 켈러는 사복음서 중에서 가장 늦게 쓰인 요한복음의 기록 연대를 A.D. 90년 이전으로 본다. 켈러가 성경의 권위를 변증하면서 저작 연대를 언급하는 이유는 복음서가 2세기, 3세기, 혹은 4세기 저작되고 확증되었다는 주장을 반박하기 위해서이다. 레온 모리슨(Leon Morris)의 『요한복음』 NIC-NT(The "Gospel according to John," *New International Commentary on the New Testament*, 34)에서 요한복음 저작 시기를 예루살렘 성이 무너지기 전 A.D. 70년으로 본다. D.A 카슨은 『요한복음』 PNTC("The Gospel according to John," *Pillar New Testament Commentary*, 82)에서 예루살렘 성이 무너진 이후인 A.D. 80년으로 본다. ESV study Bible 복음서 개론 부분에서 저작 시기는 마태복음: A.D. 55-65년, 마가복음: A.D. 53-55년, 누가복음: A.D. 62년, 요한복음: A.D. 85-95년으로 본다. 예수님이 죽으시고 30-60년 사이에

사이에 기록되었다는 의미입니다.

(6) 성경의 내용과 역사성

켈러는 성경이 4세기 이후에 만들어진 이야기이며, 교회 지도자들의 권력을 견고히 하는 데 필요한 내용을 추가하고 제거하였다는 주장이 사실이 아님을 설명한다. 켈러는 이 방법을 앞서 언급했던 "문자주의: 성경은 역사적 신뢰성이 없고 퇴보해가는 책이 아닌가요?"에서 이미 사용하였다. 켈러는 베드로와 예수님의 죽음을 통해서 성경이 후대에 만들어진 이야기로 볼 수 없음을 설명한다.

> 먼저 초기 기독교의 리더들은 사도들의 제자들이었습니다. 그런데 복음서의 내용을 보면 사도 베드로는 매우 어리석고 성급한 인물로 묘사되고 있습니다. 만약 당신이 이야기를 당신의 종교적인 입지를 강화하고자 이야기를 만들어내야 한다면 문화적으로 다른 종교지도자들인 부처, 공자, 모하메드처럼 추종자들에 둘러싸여 고상한 모습으로 죽음을 맞이하도록 만들었을 것입니다.
>
> 그러나 기독교의 창시자가 "나의 하나님, 나의 하나님 어찌하여 나를 버리셨나이까"(막 15:34)라는 외침 속에서 죽음을 맞이했습니다. 만약 1-3세기 문화에서 종교 이야기를 만들어낸다면, 종교의 창시자가 십자가에서 죽었다는 이야기는 포교를 위한 최악의 이야기가 될 것입니다.
>
> 그러면 왜 기독교에는 이런 이야기가 기록되었나요?
>
> 그러한 역사적 사실이 발생했기 때문입니다. 역사적 사실이기 때문입니다. 이보다 더 좋은 다른 이유가 없습니다. 누가는 마치 이렇게 말하고 있는 것

복음서가 기록되었다는 역사적 증거들은 성경의 역사성을 객관적으로 증명할 수 있는 역사적 자료들이다.

과 같습니다.

"여기 사실이 있습니다. 제가 말하기 원하는 요지는 이것입니다. 성경이 너무 흥미롭다 믿지 마세요. 또한, 성경이 적절하고 당신의 필요를 채워 주기 때문에 믿지 마세요. 성경이 실제로 일어난 사건이기 때문에 믿으세요. 진실이기 때문에 믿으세요."

먼저 성경이 진실이 되고 실제 일어난 사건이 될 때, 당신의 필요도 채워지게 됩니다.

(7) 복음으로 문화의 압박점들을 제압

켈러는 모든 성경이 예수님에 대해서 설교하고 있음을 설명한다. 성경에서 그리스도를 발견하지 못하면 엠마오로 가는 두 제자처럼 성경의 내용을 온전하게 이해하지 못한 것이다. 켈러는 그리스도인이 모든 성경에서 예수님을 찾아 낼 수 있음을 마틴 로이드존스 목사의 설교를 인용하여 설명한다.

영국의 위대한 설교가 로이드 존스 목사님은 어떤 사람이든 산상수훈을 실제로 읽어 본 사람이라면 다음과 같은 말을 할 것이라고 말했습니다.

"하나님은 이 산상수훈처럼 높은 기준으로 살아야 하는 삶에서 저를 구원해 주세요."

여기 예수님이 말씀하신 포인트가 있습니다.

"모든 성경은 나에 대한 이야기이며, 산상수훈도 나에 대한 이야기이다. 모든 율법도 나에게 대한 것이다."

어떻게 그렇죠?

"나는 산상수훈의 삶을 살았다. 나는 산상수훈의 삶을 산 유일한 사람이다. 나는 모든 율법을 이루었다. 나는 인간으로서 해야 하는 가장 고상한 수준의 삶을 실제로 살았다."

그러므로 당신은 은혜에 의해서 구원받습니다.

성경 말씀대로 행하거나, 그런 노력으로 구원받는 것이 아닙니다.

우리가 성경에 있는 모든 것에 순종해야 하나요?

맞습니다. 그런데 그것은 두 번째입니다.

먼저 당신은 모든 성경이 예수 그리스도를 가르치는 것으로 보아야 합니다. 모든 율법이 그를 가르치는 것뿐만 아니라 모든 성경이 그에 대해 이야기합니다.

예수님은 말씀하십니다.

"나는 진정한 요셉이다. 감옥에 갇혔고 돈 받고 팔렸지만, 다시 일어나서 배반한 사람들을 구원한 진짜 요셉이다.

나는 진정한 다윗이다. 위기의 순간에서만 구원한 자가 아니라 인생의 값을 치르고 인생 전체를 구원한 자이다.

나는 진정한 모세다. 나는 인간과 하나님 사이 중재자이다.

나는 진정한 요나이다. 나는 신적 진노의 바다, 죄의 바다에 던져져서 구원자가 되었기 때문이다."

켈러는 성경이 진실이며, 예수 그리스도에 관해 설명한 책이라는 것을 이해한 후에는 단지 그 사실을 마음으로만 믿는 것이 아니라 전인격적으로 믿어야 함을 설명한다. 본문에 등장하는 엠마오로 가는 두 제자는 예수님께서 축사하시고 떼어 주신 떡을 먹고 눈이 밝아졌다. 이전에는 그를 알아보지 못했던 두 제자가 예수님과 함께 떡을 먹고 눈이 밝아져서 예수님을 알아보았다.

길에서 우리에게 말씀하시고 우리에게 성경을 풀어 주실 때 우리 속에서 마음이 뜨겁지 아니하더냐(눅 24:34).

두 제자가 예수님을 그리스도로 알아본 때는 함께 떡을 먹는 교제 시간이었다. 켈러는 이러한 본문을 근거로, 예수님을 믿기 위해서는 논증과 설명이 필요하지만 그것으로는 충분하지 못하며, 예수님과 인격적인 관계를 통해 예수님을 그리스도로 알아보고 믿게 된다고 설명한다.

> 먼저 그들의 눈이 밝아졌습니다. 이것은 그들이 예수님을 누구신지 알아보았다는 것입니다.
> 그들이 예수님을 알아보았던 짧은 장면들을 살펴보세요.
> 그들은 이전에는 성경을 이해하지 못했습니다. 이전에는 성경이 보여 주는 메시아에 대해서 모르고 있었습니다. 그러나 이제 그들이 예수님을 알아보았고 메시아로 알았습니다. 예수님이 떡을 떼어서 그들에게 줄 때 그들은 예수님을 알아보았습니다. 그때 예수님은 사라지셨습니다….
> 요점은 무엇입니까?
> 철학적인 용어를 사용하겠습니다. 예수님을 믿기 위해서 성경에 대한 논증과 설명이 필요하지만 충분하지는 않습니다.
> 멋진 말 아닙니까?
> '필요하지만 충분하지는 않다.'
> 당신의 마음은 확신이 필요합니다. 성경이 진리라는 확신이 필요합니다. 성경이 진리라는 이해를 돕기 위해서 논증과 설명이 필요합니다. 제가 설교 서두에서 여러분에게 성경의 역사성을 논증하고 성경이 예수님에 대해 이야기하고 있음을 설명했습니다. 그러나 그것만으로 충분하지 못합니다. 최종적으로 성경의 목적, 복음의 목표, 성경의 메시지는 믿기 위해서 논증하고 설명을 제공하는 것뿐만 아니라 당신의 삶에 살아계신 예수 그리스도를 모시는 것입니다.

(8) 복음의 삶으로 초대

켈러는 예수님을 모르는 현대인이 어떻게 주님을 알아볼 수 있게 하는지에 대해서 설명한다. 오늘날 많은 사람이 성경의 논증과 설명은 듣고 지식으로 알고 있지만, 여전히 예수님을 믿지 못하는 사람들이 있다. 그 사람들을 전도하기 위해 그들과 떡을 떼어야 함을 설명한다. 켈러의 적용점은 친구가 되어주는 것과 예배 참여의 권면이다. 켈러는 설교를 마감하면서 떡을 떼는 것은 결국 주변 사람들에게 가까이 다가가고 주변 사람들이 예배에 참석해서 영적인 교제를 나눌 때라고 설명한다.

당신은 떡을 나누어야 합니다.
어떻게 떡을 뗄 수가 있습니까?
성경에서 떡 뗀다는 것은 두 가지 그림을 보여 줍니다.
하나는 친교이고 다른 하나는 예배입니다.
첫째, 친교입니다. 오늘날 영어 표현에서 '떡을 뗀다'는 표현은 사람들을 집으로 초대하거나 식당으로 가는 의미가 있습니다. 이것은 그들과 가까워지는 것입니다. 그들과 이야기하고 그들을 더 가까이하는 것입니다.
이것은 무엇을 의미합니까?
당신의 친구가 성경을 읽은 적도 있고 성경에 대한 논증과 설명을 듣기도 하지만, 궁극적으로 당신은 그들과 친밀한 관계를 맺어야 합니다.
둘째, 나는 항상 사람들에게 이야기합니다. 비록 당신이 믿음이 없어도 예배의 자리로 초대합니다.
"찬양하는 사람들 곁으로 오세요.
성경을 설교하고 그 말씀을 듣는 사람들 곁으로 오세요.
그리스도인들이 그들의 삶을 어떻게 사는지 보세요.
그러면 당신은 그 가운데서 예수님을 알아볼 수 있을 것입니다."

2) 성경과 경험

성경을 오류가 없는 하나님의 말씀으로 믿는 비율은 계속해서 하락하고 있다. 갤럽은 지난 40년 동안 매 5년마다 북미 기독교인들에게 성경의 권위에 대해서 인식 조사를 해 왔다. 2017년 통계에 따르면 24%의 기독교인들만 성경을 오류가 없는 하나님의 말씀으로 믿는다. 반면에 성경 교훈을 역사, 고전 작품, 혹은 신화로 보는 비율은 26%이다.[42] 갤럽이 성경에 대한 기독교인들의 의식을 조사한 후 처음으로 성경을 신화나 교훈으로 보는 의견이 오류가 없는 하나님의 말씀으로 보는 비율을 앞섰다.

젊은 세대에서 성경을 온전한 하나님의 말씀으로 인정하지 않는 비율이 더 급속하게 늘어난 것은 지난 40년 동안 과학의 발전과 포스트모던 문화에서 절대 진리가 없다는 교육을 받은 영향일 것이다. 성경이 하나님의 말씀으로서 권위를 잃거나 그 권위가 약해지게 되면 교회는 세속화되고 무기력해진다. 그리스도인들은 세속적으로 변하게 된다.

그러므로 교회에서 성경의 권위에 대해서 지속적으로 변증 설교를 해야 한다. 켈러는 성경의 권위가 왜 중요한지, 왜 성경의 권위가 성도에게 유익이 되는지, 어떻게 성경의 권위가 우리의 삶에서 작용 되는지에 대해서 설명한다.

(1) 의심과 반대를 이해

포스트모던 시대의 청중은 부여된 권위를 거부하는 경향이 있다. 뉴욕에 거주하는 사람들은 자신의 삶에 대한 주도권을 설명하면서 설교를 시작한다.

---

[42] https://news.gallup.com/poll/210704/record-few-americans-believe-bible-literal-word-god.aspx/

나는 '뉴욕에서 사는 사람'이라고 말합니다.

뉴욕 문화 속에서 사람들은 '다른 어떤 사람도 나에게 어떻게 삶을 살아야 하는지 명령할 수 없다'라고 생각합니다. 만약 당신이 누군가에게 어떤 삶을 살라고 강요한다면 뉴요커들은 발끈할 것입니다. 각자가 자기 삶의 방식에 대한 권위를 가지고 있기 때문입니다. 각자가 권위를 가지고 자신의 인생을 선택하는 것입니다. 각자가 어떻게 살지는 스스로 결정하는 것입니다. 내가 이런 식으로 살지 저런 식으로 살지는 스스로가 결정합니다.

"당신 인생의 권위는 당신에게 있습니다"라는 말을 합니다. 이전에는 대부분 사람은 '자신이 믿는 종교에서 말하기 때문에 혹은 내 가족들이 말하기 때문에 혹은 전통이기 때문에' 비록 내 밖에서 이미 결정된 것이라도 그것을 인정하면서 살아왔습니다. 그러나 근대 서구 문화에서는 "누구도 나에게 이것을 선택해야 한다고 말할 수 없습니다. 내가 내 삶의 방식을 선택할 것입니다"라고 말합니다.

켈러는 성경 중 어떤 부분은 받아들일 수 없다는 주장을 그대로 언급하면서 설교를 시작한다.

나는 그리스도인입니다. 그러나 나는 성경의 모든 것을 받아들일 수는 없습니다. 성경의 어떤 부분은 구시대적인 것을 느낍니다. 어떤 부분은 매우 퇴보적입니다. 나는 그리스도이지만 모든 성경을 다 받아들이지는 않습니다.

(2) 문화 담론의 기준선을 도전

켈러는 자신이 예수님을 따른다고 하면서 성경을 선별적으로 믿는 자들에게 문제가 있음을 지적한다. 예수님을 따른다는 것은 예수님을 주인으로 모시고 그분의 말씀을 따라간다는 의미이다. 신자가 예수님의 말씀 중에서 자신이 원하고 이해가 가는 부분만을 받아들인다면 그것은 성경에서 계시하는 하나님을 믿는 것이 아니다. 자신이 원하는 하나님을 성경을 통해서 만들어낸 것이다.

> 여기에 문제가 있습니다.
> 만약 당신이 예수님을 따른다고 하면서 예수님이 삶의 핵심 원칙으로 따랐던 성경을 거절한다면 어떻게 예수님을 따른다고 할 수 있습니까?
> 만약 당신이 예수님을 따른다고 하면서 "나는 성경을 문자적으로 믿을 수 없습니다"라고 말한다면, 그러면 당신은 성경의 예수님이 아니라 당신 자신이 상상하는 예수님을 따르는 것입니다. 그런 예수님은 절대 존재하지 않습니다….
> 만약 당신이 "나는 예수님을 믿지 않습니다. 나는 하나님의 아들을 믿지 않습니다. 나는 예수님이 부활하신 것을 믿지 않습니다"라고 말한다면 이해가 됩니다. 그러나 만약 당신이 "나는 예수님을 따릅니다"라고 한다면 당신은 반드시 성경의 권위를 받아들여야 합니다.

(3) 구약성경의 신뢰성

포스트모던 청중 가운데는 신약성경보다 구약성경에 대해서 더 많은 의문을 가진 사람들이 있다. 켈러는 구약성경의 신뢰성을 설명하기 위해서 우선적으로 구약성경보다 더 많은 사본과 자료들이 있는 신약성경이 예수님의 말씀임을 설명한다. 신약에서 예수님이 구약성경을 하나님의 말씀으로 인정하시는 것을 증거로 제시하면서 하나님의 감동을 받은 선지자들이 기록한 구약 성경 신뢰성을 변증한다.

구약성경의 저자들은 인간이지만 하나님은 그들의 상황을 사용하십니다. 하나님은 모든 것을 완벽하게 사용하실 수 있습니다. 하나님은 사람들을 하나님이 원하시는 말씀을 기록하게 하기 위해서 완벽하게 준비시킬 수 있는 분입니다.

그러므로 우리가 성경을 읽을 때, "이것은 인간의 해석이다"라고 말해서는 안 됩니다. 베드로는 구약성경에 선지자들이 말한 것을 하나님이 말씀하신 것으로 말합니다. 그것은 단지 베드로의 견해만은 아닙니다. 예수님도 마찬가지입니다. 마태복음 19장에서 예수님은 결혼해 대해서 말씀하십니다. 예수님은 창세기 2장 말씀을 인용하면서 이렇게 말씀하셨습니다.

그러므로 사람이 그 부모를 떠나서 아내에게 합하여 그 둘이 한 몸이 될지니라 하신 것을 읽지 못하였느냐(마 19:5).

우리가 결혼식에 가면 이 본문을 읽습니다. 매우 유명한 말씀입니다. 그런데 흥미로운 것은 창세기 2장에 가서 본문을 읽으면 창세기 저자가 편집해서 말한 것입니다. 창세기 1-3장은 인간 저자가 기록했습니다. 그러나 예수님은 창세기 말씀을 인용하시면서 하나님께서 하신 말씀이라고 하셨습니다.

[4]예수께서 대답하여 이르시되 사람을 지으신 이가 본래 그들을 남자와 여자로 지으시고 [5]말씀하시기를(하나님이 말씀하시기를) 그러므로 사람이 그 부모를 떠나서 아내에게 합하여 그 둘이 한 몸이 될지니라 하신 것을 읽지 못하였느냐(마 19:4-5).

켈러는 구약성경을 하나님의 말씀으로 믿지 못하거나, 신약성경 중에서 일부만을 예수님의 말씀으로 받아들이는 청중에게, 모든 성경을 하나님의 말씀으로 받아들여야 함을 설명한다. 예수님이 이 땅에 오신 목적은 하나님의 말씀을 성취하기 위해서다. 여기서 '하나님의 말씀'이란 구약성경을 의미한다.

예수님은 구약성경이 하나님의 말씀이며 이 말씀을 따라서 자신이 십자가에서 죽기까지 순종하신다. 이것은 예수님이 구약성경을 절대적인 하나님의 말씀으로 인정하셨고 순종하셨음을 보여 주는 예이다. 켈러는 예수님의 말씀을 빨간색으로 프린트한 성경책을 예로 들어서 어떤 특정한 부분만이 아니라 모든 성경이 하나님을 말씀으로 인정해야 함을 설명한다.

> 성경에서 예수님이 직접 하신 말씀을 빨간색으로 표시하여 인정하셨다는 의미가 아닙니다…. 예수님이 말씀하신 의미는 하나님이 하신 말씀도, 예수님이 하신 말씀도 그리고 마가, 누가, 바울, 모세 및 다른 저자들을 통해 하신 말씀도 모두 하나님의 말씀이라는 것입니다."

예수님이 직접 말씀하신 빨간색 부분에서 어떤 말씀을 하셨습니까?
예수님은 성경의 모든 말씀이 하나님의 말씀이라고 하셨습니다….
예를 들면, 마태복음 5장입니다.

> 진실로 너희에게 이르노니 천지가 없어지기 전에는 율법의 일점일획도 결코 없어지지 아니하고 다 이루리라(마 5:18).

예수님은 한 문장이 아니라, 전치사가 아니라 '일점일획'이라고 말씀하셨습니다. 예수님이 말씀하시는 것은 모든 구약성경은 하나님의 말씀이라는 것입니다. 이것은 진리입니다….
예수님이 붙잡히셨을 때, 베드로는 검을 빼 들었습니다.
그때 예수님은 베드로에게 말씀하셨습니다.

너는 내가 내 아버지께 구하여 지금 열두 군단 더 되는 천사를 보내시게 할 수 없는 줄로 아느냐 내가 만일 그렇게 하면 이런 일이 있으리라 한 성경이 어떻게 이루어지겠느냐 하시더라(마 26:53-54).

예수님은 구약성경에 약속된 하나님의 말씀을 성취하기 위해서 오셨고 그 말씀에 따라서 행동하셨습니다.

(4) 인간의 느낌과 판단의 한계

켈러는 성경을 하나님의 말씀으로 인정하지 않고 자신의 감정이나 판단에 권위를 두고 사는 청중의 한계에 대해서 설명한다.

> 저는 서구 세계가 가지고 있는 내 인생의 권위가 나에게 있다는 생각이 허구라는 것을 보여드리겠습니다. 당신이 만약 당신의 삶에 대한 권위를 가진다면 그것은 당신의 느낌, 생각, 동시대의 문화, 당신의 존재가 원하기 때문입니다….
> 예를 들면, 많은 사람이 "내 인생의 권위는 나에게 있습니다"라고 말합니다.
> 이것의 진짜 의미는 "나는 내 감정에 따라서 행동할 수 있다"입니다.
> 그런데 그런 삶에 문제가 없습니까?
> 만약 당신이 감정이 말하는 대로 삶을 산다면, 그 감정은 당신의 삶을 지배합니다. 그런데 당신의 감정은 일관성이 없고 믿을 만하지 못합니다.
> 예를 들면, 당신은 종종 15살 때 12살 때를 생각하면서 "그때는 미숙하고 모자란 점이 많았어"라고 말합니다. 그리고 30세가 되면 20세 때를 떠올리면서 똑같은 말을 합니다.
> "내가 그때 그렇게 멍청한 행동했다는 것이 믿어지지 않아."

물론 조금씩 나아지기는 할 것입니다. 그러나 만약 당신이 130세까지 건강하게 산다면, 85세를 떠올리면서 참으로 어리석다고 생각할 것입니다.

이것은 당신이 지금 몇 살이든지, 당신은 지금 바보같다는 의미입니다.

당신은 어떻게 당신의 직관을 신뢰할 수 있습니까?

조금 시간이 지나면 그 직관을 어리석게 생각합니다.

(5) 복음으로 문화의 압박점을 제압

켈러는 예수님을 주님으로 고백한 신자가 성경을 삶의 절대적 권위로 인정할 때, 안정되고 흔들림 없는 삶을 살 수 있음을 설명한다. 신자가 자기 생각이나 지식을 따라서 살게 되면 불완전한 삶을 살게 되지만, 영원하신 하나님의 말씀, 어제나 오늘이나 영원토록 동일하신 하나님의 말씀을 기준으로 살게 되면 구원받은 자의 삶을 살게 된다.

만약 당신이 "예수님은 하나님의 아들입니다. 그분은 죽음에서 부활하셨습니다"라는 고백을 한다면 성경의 권위를 받아들인 것입니다. 왜냐하면, 다른 어떤 방법으로는 그렇게 할 수 없기 때문입니다.

이것은 다음과 같이 말하는 것입니다.

"나는 내 느낌을 신경 쓰지 않습니다. 나는 성경의 기준을 따르면 됩니다"

그러므로 '성경이 당신의 권위'라는 것은 좋은 소식입니다.

만약 성경이 당신의 권위가 된다면 이것을 생각해 보세요.

여기 좋은 소식이 있습니다. 한 가지 좋은 이유는 만약 당신이 성경을 당신의 권위로 만든다면, 성경의 권위가 당신을 감정적으로 그리고 지적으로 자유롭게 합니다.

왜죠?

다른 사람이 최종 권위가 되지 않기 때문입니다. 성경이 최종 권위가 되어 하나님의 뜻을 말해주기 때문입니다. 부모의 지혜와 3세 아이의 지혜는 무한한 차이는 아니더라도 엄청난 차이가 있습니다.

요점은 부모님은 아이들이 원하지 않는 것을 하라고 부탁할 때가 있습니다. 만약 아이들이 그 일을 하지 않아서 죽게 된다면 비록 아이들이 원하지 않아도 하라고 할 것입니다.

부모님은 그들의 권위를 아이들을 위해서 사용합니다. 40세 부모와 3세 아이가 가진 지혜의 차이는 하나님과 당신이 가진 지혜의 차이보다 훨씬 더 작습니다.

(6) 복음의 삶으로 초대하라

켈러는 성경의 권위와 성경의 진리가 삶에서 어떻게 삶에서 작용하는지 설명한다. 성경의 진리가 마음과 연결될 때 그것은 우리의 삶에 적용된다. 성경의 진리와 마음을 연결하는 것이 복음이다. 성경에서 예수님이 나를 위해서 십자가에서 죽으시고 부활하신 것이 마음으로 믿어지고 확신이 들 때 신자는 변화된 삶을 살 수 있음을 아치발드 알렉산더(Archibald Alexander) 교수의 예를 사용해서 성경의 진리를 마음에 연결하는 것을 설명한다.

아치발드 알렉산더(Archibald Alexander)는 1812년 프린스턴신학교 첫 번째 교수였는데 『종교 경험에 관한 사상』(Thoughts on Religious Eexperience)이라는 책을 썼습니다. 그의 책 서두에서 예를 들고 있습니다.

그 당시로 돌아가서 보면, 편지를 쓸 때 당신은 반지 도장을 사용하는데, 그때 씰링 왁스(촛농 같은 것)를 작은 불꽃으로 가져갑니다. 부드러워진 씰링 왁스가 종이 위로 떨어지면 반지 도장을 씰링 왁스 위에서 눌러서 편지를 봉인합니다.

그러면 수신자가 누구의 편지인지를 알 수 있습니다. 그는 성경의 진리는 반지 도장이며, 당신의 마음은 씰링 왁스와 같다고 말합니다. 당신이 만약 도장 반지를 불에 녹지 않은 씰링 왁스에 가져가면 제대로 된 모양이 나오지 않거나, 왁스가 깨져버릴 것입니다. 그는 말합니다.

"당신이 만약 성경의 진리를 사람들의 마음과 연결할 때 불이 없다면, 겉모습에 얄팍한 그리스도인의 무늬는 있지만, 속까지 그 형상이 새겨지지 않거나 혹은 부서져 버리게 된다…. 당신은 불이 필요하다."

불은 무엇입니까?

불은 성경에 있습니다. 불은 복음입니다. 모든 다른 종교들은 말씀하시는 신을 가지고 있고 당신에게 계시를 주지만, 기독교만 오직 하나님이 이 땅으로 성육신하셔서 하나님 말씀의 권위 아래로 내려가셨습니다.

예수님만이 유일하게 하나님 말씀의 권위 아래로 내려가셨습니다. 그는 아기로 태어나셨습니다. 그는 부모님께 순종했습니다. 마침내 그는 성경에 순종했습니다. 그는 성경을 따랐습니다. 그의 생의 마지막에 '내 뜻이 아니라 당신의 뜻대로'라고 말씀하셨습니다. 예수님은 아버지의 뜻을 따르시면서 십자가에서 부서지셨습니다. 그는 성경의 권위 아래로 내려가셨습니다. 그분은 부서지기까지 하나님의 뜻에 순종하셨습니다.

왜입니까?

당신을 위해서입니다. 저를 위해서입니다. 이것이 당신이 신뢰할 수 있는 성경의 권위입니다. 누구도 당신을 그렇게 사랑해 주지 못했습니다. 누구도 예수님처럼 그렇게 자신을 포기하지는 못했기 때문입니다. 누구도 예수님처럼 그렇게 희생해 주지 못했기 때문입니다.

이것이 당신이 유일하게 따라야 할 권위입니다. 그 어떤 권위도 예수님처럼 당신에게 해주지는 못했습니다.

제4장

켈러의 변증 설교 평가

1. 켈러 설교의 특징

1) 청중의 질문을 중심으로 본문을 주해

켈러는 예화로 설교를 시작하지 않는다. 켈러는 청중의 질문으로 시작한다. 많은 목회자가 설교 시작하면서 예화를 사용한다. 그 예화는 설교 본문과 관련된 흥미나 청중의 주의를 집중시킬 수 있는 이야기이다. 켈러는 설교 도입부에서 청중을 설교 안으로 초대하기 위해서 '21세기 뉴욕 시민이 갖는 질문을 그대로 언급'하면서 설교를 시작한다. 비유적인 예화가 아니라 직접적인 질문을 그대로 언급한다. 21세기 청중이 가진 질문을 언급하고 그 질문에 성경 본문으로 대답하는 변증 설교를 한다.

켈러가 청중의 질문을 직접 인용하면서 모든 설교를 시작하는 것은 물론 아니다. 청중의 질문으로 설교를 시작한다는 의미는 설교의 서두에서 청중이 그 설교를 왜 들어야 하는지 그 필요성을 느끼게 한다는 말이다. 가장 불쌍한 청중은 주일날 설교를 들을 필요성을 못 느끼면서 듣는 청중들이다.

설교자는 청중이 이 말씀을 왜 들어야 하는지 서두에서 분명하게 밝혀야 한다고 말한다.[1]

> 지루한 설교는 교리적으로 정확하지만 우리 삶과는 전혀 연결되지 않는 경우가 많다. 그래서 듣는 사람은 이렇게 생각한다.
> '맞는 말씀인 것 같은데 나와는 아무 상관이 없네요. 그런다고 내가 어떻게 생각하고 느끼고, 행동하는지가 실제로 달라질지 모르겠습니다.'

2) 설교 개요를 서두에서 밝히는 설교

설교의 개요를 먼저 청중에게 알려 준다. 필자가 분석한 15편의 설교들은 대주제와 및 그 주제를 부연 설명하는 세 가지 소주제를 가지고 있었다. 켈러는 이러한 개요를 미리 청중에게 알려 주면서 설교를 시작한다. 이러한 방법이 청중에게 기대감을 떨어뜨린다고 생각할 수도 있다.

삼대지 설교가 진부하고 지루해서 더 이상 통하지 않는다는 의견도 많다. 하지만 켈러처럼 설교 내용만 충실하다면 오히려 청중에게 설교에 대한 기대감을 줄 수 있다. 서두에서 미리 개요를 알려주기 때문에 청중이 예상하면서 들을 수 있고 설교의 집중도를 높일 수 있다.

켈러뿐만 아니라 설교의 황태자라 불리는 찰스 스펄전(Charles Spurgeon) 역시, 설교 서두에 항상 대주제와 그에 따르는 소주제들을 미리 밝혔다. 고대 수사학에서도 연설의 개요를 서두에서 밝히는 방법은 효과적 수사 방법이였다.

설교의 개요를 서두에서 밝히기 위해서는 본문에서 드러나는 대주제와

---

[1] 팀 켈러, 『센터처치』, 오종향 역 (서울: 두란노: 2016), 206.

그 대주제를 뒷받침하는 소주제들이 어떻게 연결되는지를 간단하게 설명해야 한다. 이러한 설교 개요를 만들기 위해서는 본문에서 이미 발견한 진리들을 듣기 쉽고 기억하기 쉽게 다듬는 작업이 필요하다. 이러한 설교의 개요는 설교를 한 눈에 볼 수 있도록 도와준다.

더 나아가서 설교 개요를 주보에 미리 기록하여 청중이 설교를 받아 적을 수 있도록 도울 수 있다. 매 주일 청중들이 받아 적을 수 있는 설교를 들을 수 있다면 행복한 청중이다. 청중이 받아 적을 수 있는 설교를 하는 설교자들은 그리 많지 않다.

설교 개요를 만드는 작업은 시간이 소요되고 때로는 이러한 개요가 딱 맞아 떨어지지 않을 때도 있기 때문에 매우 힘든 작업이다. 그러나 켈러는 이러한 개요를 설교 서두에서 항상 미리 밝힌다. 설교의 서두에 설교의 개요를 미리 밝힐 수 있다는 것 자체가 이미 청중에게 준비된 설교라는 신뢰를 줄 수 있다.

한국교회 10대 설교가로 인정받으며 남가주 새누리교회에서 30년 이상을 섬겨온 박성근 목사는 설교 개요를 매주일 주보에 기록한다. 다음은 2019년 5월 2일 주일 설교 개요이다.

제목: 다시 쓰는 교회론(고전 1:1-9)

시작하는 질문

오늘날 교회의 위기에 대해서 말하는 사람이 많다. 실제로 입에 담기도 부끄러운 일들이 교회 안에서 일어나고 있다.

그러나 이런 외적인 현상만이 문제일까?

보다 더 심각한 위기는 교회가 그 본질을 떠남에 있다.

어떻게 이것을 회복할 수 있을까?

진행하는 질문

오늘 본문은 고린도전서의 서론부분이다…(생략).

1. _____가 필요하다(고전 1:1-3).
2. _____이 필요하다(고전 1:4-7).
3. _____이 필요하다(고전 1:8-9).

삶으로 떠나는 질문

교회는 건물이 아니라 사람이다. 아니 당신이 바로 교회이다. 그러나 인간의 힘으론 교회를 세울 수가 없다.

이제는 성령 안에서 하나 되어 주님의 영광된 목적을 이루지 않겠는가?

켈러처럼 '은혜'와 '복음'을 줄기차게 강조하는 설교를 하는 더사랑의교회 이인호 목사 역시 설교의 개요를 홈페이지에서 매주일 밝힌다. 2019년 5월 2일 주일 설교 개요이다.

제목: 똑똑한 자는 경건한 자를 못 이긴다(삼하 17:1-14)

1. 서론: 몽골의 세계 제패의 비밀

1) 아히도벨의 계략(삼하 17:1-2).
2) 후새의 반격(삼하 17:8, 10, 11).

2. 똑똑한 아히도벨이 패배한 이유

> (생략)
>
> **3. 아히도벨과 다윗의 차이**
> 1) 기도입니다(삼하 15:31).
> 2) 경외심입니다(잠 9:10).
> 3) 줄을 잘못 선 것입니다(삼하 17:14).
>
> (생략)

3) 청중이 신뢰하는 자료 사용

켈러는 뉴욕 맨하튼의 청중의 마음과 문화에 적절한 설교를 했다. 설교자는 지역교회 청중의 마음, 상황, 문화를 충분히 연구하고 묵상한 후 청중이 신뢰하는 자료들을 사용하여 청중이 공감하는 메시지를 전해야 한다.

켈러의 변증 설교의 두 번째 흐름은 '설교 주제를 강화하기 위해서 청중이 권위를 두는 가치를 존중하라'이다. 켈러는 메시지를 설명하기 위해서 설교 서두에서 청중이 신뢰하고 즐겨 보는 자료를 사용함으로 청중의 귀를 열게 한다.

그가 주로 사용하는 자료들은 「뉴욕타임즈」, 「뉴스위크」, 패션 잡지들, 비즈니스지, 최근 단행본, 고전 자료, 소설 혹은 다큐멘터리 등이다. 이 자료들은 젊은 세대가 즐겨 읽고, 믿는 것들이기 때문이다.

그러나 이러한 예화를 선택하는 궁극적인 목적이 단지 청중에게 들리는 설교를 하기 위한 것만은 아니다. 청중의 가치와 세계관을 먼저 긍정하면서 이야기하는 목적은 복음으로 그것을 비판하고 대안을 제시하시 위함이다.

청중이 신뢰하는 자료 사용에 있어서 켈러에게 배워야 할 점은 그가 사용했던 예화들 자체가 아니다.

'왜 켈러가 그 예화를 선택했는가?'

'어떻게 그 자료들을 사용했는가?'

이런 과정이다. 이것을 볼 수 있다면 설교자가 목회하는 지역교회 청중에게 최적화된 예화 및 자료들을 켈러처럼 사용할 수 있을 것이다.

설교자는 이미 만들어진 완성품 보석을 구입해서 사용하는 자이기 보다는 원석을 깍고 가공하여 완성품을 만들어 낼 수 있는 사람이 되어야 한다. 설교자는 하나님의 말씀이라는 원석에서 메세지를 뽑아낼 수 있어야 한다. 또한 설교자는 그 메세지에 청중의 문화와 상황에 잘 맞는 예화들을 찾아내어 완성된 보석을 만들어 낼 수 있어야 한다. 켈러는 리디머교회가 열매 맺는 사역을 할 수 있는 비밀을 다음과 같이 말했다.

> 우리는 복음의 본질과 적용에 대해서 오랫동안 숙고했다. 그런 후에 뉴욕의 문화에 대해서도 오랜 기간 열심히 공부했다. 우리 가운데 있는 그리스도인과 비그리스도인 감수성에 대해서, 도시 중심의 정서적, 지성적 지형에 대해서도 숙고 했다. 국제적 중심 도시에서 우리가 하는 이 사역의 효과성에 있어서, 이 숙고와 의사 결정의 특성과 과정이 그 결과부터 훨씬 중요한 역할을 했다. 설교자는 청중이 설교의 메세지의 논리성에 강한 공감을 느낄 수 있게 하기 위해서 그들의 마음과 문화를 이해해야 한다.[2]

또한 켈러는 예화를 사용하면서 그 출처를 비교적 정확하게 밝히고 있다. 설교자가 신뢰성이 떨어지는 예화를 많이 사용할 경우 청중은 설교의 메시

---

2 팀 켈러, 『센터처지』, 24-25.

지를 예화처럼 진실하지 못하거나 불분명하게 여길 수도 있다. 최근 한국 교회 설교자들은 과거와는 달리 예화로 사용하는 자료의 출처를 비교적 정확하게 밝히고 있다. 설교자가 다른 설교자의 설교를 인용 때도 그 출처를 명확하게 밝히는 추세이다.

주안장로교회를 섬기는 주승중 목사는 2018년 10월 14일 주일 예배 "비전과 섭리의 사람 요셉(28)"을 설교하면서 요셉의 믿음을 강조한다. 그는 이 설교에서 다섯 명 이상의 설교자들의 책들을 인용하면서 그 출처를 정확하게 밝히는 것을 볼 수 있다.

> "요셉의 인생은 한마디로 믿음의 인생이었다"라고 말할 수 있습니다. 유명한 설교가 찰스 스윈돌 목사님이 요셉에 생애에 대해서 쓴 책이 있는데, 그 책 제목이 『순전한 믿음의 사람 요셉』입니다.
> 또 역시 유명한 강해 설교가 제임스 몽고메리 보이스 목사님도 요셉의 생애를 다룬 그의 창세기 강해 세 번째 책 제목을 『믿음의 삶』이라고 붙인 것입니다….
> 요셉의 이런 믿음을 삶을 지구촌교회 원로목사 이동원 목사님이 쓰신 『첫 믿음의 계승자들 이삭, 야곱, 요셉』이라는 책에서 이렇게 요약했습니다.
>
> 요셉은 어렸을 때도 믿었고, 젊었을 때도 믿었고, 황혼에도 믿었고, 죽을 때도 믿었습니다.
> 그는 팔레스타인에서도 믿었고, 애굽에서도 믿었습니다.
> 다시 말하면 그는 고향에서도 믿었고, 외국에 나와서도 믿었습니다.
> 그는 양을 치는 들에서도 하나님의 사람으로 믿음으로 살았고
> 궁중에서도 그는 믿음으로 살았습니다.

그는 역경 중에도 믿었습니다.

그는 홀로 있을 때에도 믿었고, 결혼해서 가정을 이룬 후에도 믿었습니다. 그는 평생을 통해 믿었고, 죽을 때에도 믿음으로 그의 생을 마칠 수 있었습니다.

이동원 목사님 지적대로, 요셉은 평생을 통해 오직 하나님만을 믿었고, 죽을 때에도 오직 믿음으로 그의 생을 마칠 수 있었다는 말입니다….

서강대학교 송봉모 교수가 쓴 『신앙의 인간 요셉』이라는 책에서 요셉의 신앙은 한마디로 "무엇무엇일지라도의 신앙이다"라고 했습니다. 그는 말했습니다….

E. M 바운즈 목사님이 쓴 『기도의 심장』이라는 책에서 믿음에 관해서 이런 의미 있는 이야기를 했습니다.

믿음은 불가능한 것을 이룬다. 왜냐하면, 믿음은 하나님께서 우리를 대신해 일하시도록 하는 것이고 그분은 전능하시기 때문이다. 믿음의 능력에는 한계와 제한이 없다….

과거의 한국교회는 부끄럽게도 '십일조를 많이 해서 복 받은 이야기,' '교회 봉사를 많이 해서 축복 받은 이야기,' '목회자에게 대항하다가 패가망신한 이야기' 등 출처가 불분명한 예화들을 많이 사용했다. 신뢰성이 떨어지는 예화를 너무 많이 사용할 경우 청중은 설교의 메시지를 예화처럼 진실하지 못한 것으로 여길 수도 있다.

켈러의 설교를 분석하면서 발견하는 것은 출처가 불분명한 예화는 거의 등장하지 않는다는 것이다. 오늘날 청중은 다양한 정보를 가지고 있다. 목회자는 하나님의 말을 증거하기 위해서 논거를 제시할 때 객관적이며 신뢰성 있는 자료들을 사용해야 한다. 뉴욕의 젊은 지성인들이 켈러의 설교에 열광하는 이유 중 하나는, 그가 출처도 알 수 없는 예화들을 사용하는 대신 메시지를 강화하기 위해서 지성인들의 권위를 인정하는 대중적이며 명확한 자료들을 제시하기 때문이다.

4) 문화 변혁자

켈러는 리디머교회의 사역 방향을 정할 때 성경에 기초한 하나님의 말씀을 뉴욕의 문화에 어떻게 적용할 것인가를 생각하는 과정이 중요하다고 말했다. 어떤 설교자가 자신의 설교를 그대로 따라 한다고 해도 맞지 않을 수 있다고 했다. 그 이유는 각 지역의 문화와 그 지역 청중의 마음과 생각들이 다르기 때문이다. 복음의 본질은 변하지 않지만 복음을 담는 그릇인 문화는 다양하기 때문에 복음은 반드시 지역 문화적 상황에 맞게 선포되어야 한다. 켈러는 다음과 같이 말했다.

> 우리는 반드시 문화에 대해서 어디에서 어떻게 도전해야 하고 어디에서 어떻게 인정해야 하는지를 분별해야 한다. 이 질문들에 대한 답들은 우리가 어떻게 설교하고 전도하고 어떻게 사람들을 조직하고 이끌고 훈련하고 목양하는지에 엄청난 영향력을 끼치게 된다.[3]

---

3 팀 켈러, 『센터처지』, 29.

켈러가 문화와 맞서고 문화를 성경적 가치로 변화시키기 위해서 자주 사용한 개념은 윤리, 도덕, 인간의 권리였다. 이러한 개념을 자주 언급한 이유는 21세기 포스트모던 청중도 그러한 가치에 동의하기 때문이다. 켈러는 청중에게 인권과 도덕의 개념을 먼저 설명한 후 "왜 인권과 도덕은 믿으면서 하나님의 존재는 의심하는가?"라고 질문한다. 켈러는 도덕과 인권을 믿고 있는 청중에게 그 근거가 무엇인지 질문하는 방법을 여러 번 사용했다.

켈러는 "하나님의 알기"에서 우수한 민족이 이 열등한 민족을 제거하고 청소하자는 히틀러의 나치즘이 왜 잘못된 주장인지 청중에게 질문한다. 약육강식의 자연 법칙에 따르면 나치즘은 자연스러운 가치이다. 21세기 청중이 나치즘에 반대하는 이유는 인간의 권리와 보편적 도덕을 믿기 때문이다.

진화론을 주장하거나 무신론을 주장하는 사람들도 이러한 인권과 보편적 도덕을 받아들이는 경향이 있다. 보편적 인권과 도덕이 존재하기 위해서 그것을 부여한 존재가 있어야 한다. 켈러는 무신론과 진화론을 믿는 청중이 동시에 인권과 도덕을 신봉하는 것이 모순임을 지적한다. 이때 먼저 청중이 동의하는 가치를 설명한 후에 청중이 받아들이지 못하는 성경의 교리를 설명하는 방식을 사용해야 한다. 그 반대가 되면 설득력이 떨어지기 때문이다.

켈러는 "하나님 찾기"를 설교하면서 리디머교회가 '문화 변혁자'로 맨해튼에 존재하고 있음을 설명한다. 켈러는 모세가 광야에서 불타는 떨기나무를 보면서 하나님의 존재를 알았다는 것을 설명하면서 "리디머교회가 맨해튼의 불타는 떨기나무였다"라고 설교한다.

1980년대 후반 뉴욕 맨해튼에서 일하는 사람들은 자신을 지성인으로 생각했다. 그때는 사람들이 역사적 기독교에 대한 믿음을 갖고 있지 않았던 때였다. 그들은 대부분 학교에서 같은 교육을 받았고 동일한 직업군에서 비슷한 삶의 기준을 따라 살았다.

당시 맨해튼에서 일하는 사람들은 역사적 기독교에 대한 믿음이 거의 없었다. 그러나 리디머교회는 뉴욕 맨해튼 한복판에서 역사적 기독교를 믿고 예배함으로써, 도심 한복판에서도 하나님이 존재하심을 보여 주었다.

> 1980년대 후반, 90년대 초반 리디머교회는 이쪽에 앉으신 성도님들 정도밖에는 모이지 않던 때입니다. 리디머교회는 평범한 뉴요커들이 모였습니다. 우리는 일반적인 뉴욕 시민들처럼 월스트리트에서 일하고, 문화 예술계에 종사하며, 패션에 관련된 일을 했습니다.
> 그 당시에 만약 여러분이 맨해튼에 나가서 아무나 한 사람을 교회로 데리고 온다면, 그 사람은 99.9% 역사적 기독교를 믿지 않았던 때였습니다. 그분들이 리디머교회에 와서 우리가 역사적인 기독교를 믿는 것을 보고, 듣고, 10분 또는 15분 후부터 인식의 전환이 일어나기 시작했습니다. 리디머교회는 그때, 맨해튼의 불타는 떨기나무 그 자체였습니다.

5) 그리스도의 십자가로 대답하는 설교

'그리스도 중심적 설교'란 모든 본문에서 예수 그리스도의 십자가와 부활하심을 증거하는 설교이다. 켈러의 설교들을 분석하다 보면 많은 경우 설교의 절정 부분에 예수 그리스도의 십자가와 부활이 등장한다. 켈러는 교리적으로 그리스도의 십자가 사건을 강조하지 않는다. 그리스도의 십자가 사건이 인간의 문제, 갈등 혹은 인간의 힘으로 해결할 수 없는 문제들에 어떤 실제적인 답을 주고 있는지를 구체적으로 설교한다. 추상적 교리처럼 보이는 예수님의 십자가 사건이 어떻게 청중의 삶에서 구체적으로 그 능력을 발휘하는지를 감성적, 지성적, 실제적으로 설교한다.

켈러는 예수님이 십자가 상에서 하신 말씀을 사용하여 보편적 인간의 문제가 예수님의 십자가 사건으로 해결되었음을 설교한다. 인간의 마음에는 세상의 것으로 근원적으로 채워지지 않는 갈증이 있는데, 이 목마름과 갈증은 십자가에서 예수님을 통해서 해갈될 수 있다. 예수님이 이미 우리를 위해서 십자가에서 목마름을 당하셨다.

인간의 마음에는 거절감과 상실감으로부터 자신을 보호하려는 본능이 있다. 많은 사람들이 명문대학에 소속되기 원한다. 대기업이나 안정적인 국가 공무원업 조직에 들어가려고 애를 쓴다. 이러한 동기는 강한 소속감을 통해서 거절감과 상실감으로부터 자신을 보호하기 위해서이다. 예수님은 십자가에서 "어찌하여 나를 버리셨나이까?"라고 말씀하셨다. 켈러는 이것이 모든 인간의 거절감과 상실감, 버려짐을 예수님이 십자가에서 대신 당해 주신 것이라 설교한다. 예수님 당하신 거절감, 상실감 때문에 신자는 받아들여지고 인정받는 존재가 될 수 있는 것이다.

인간이 절대 성취할 수 없는 율법의 의가 있다. 예수님은 십자가에서 우리를 위해서 율법의 요구를 "다 이루었다"라고 선언하신 분이다. 인간은 죄의 댓가를 지불할 능력이 없다. 시편 48:8은 "생명을 속량하는 값은 값으로 매길 수 없이 비싼 것이어서, 아무리 벌어도 마련할 수 없다"(새번역)라고 선언한다. 예수님은 십자가에서 인간의 노력으로는 갚을 수 없는 죄 값을 대신 갚아 주셨다. 그리스도의 십자가 사건을 믿음으로 죄를 용서받은 존재로 살아갈 수 있다.

켈러가 인간의 문제를 해결하기 위해서 자주 인용하는 십자가의 구절들은 다음과 같다.

나의 하나님, 나의 하나님 어찌하여 나를 버리셨나이까(마 27:46).

내가 목마르다(요 19:28).

다 이루었다(요 19:30).

아버지 저들을 사하여 주옵소서 자기들이 하는 것을 알지 못함이니이다 (눅 23:34).

예수님이 십자가에서 당하신 대속의 고통으로 청중의 문제가 근원적으로 해결되었음을 실제적으로 설교한다.

6) 복음과 은혜 중심적 설교

'복음 중심적 설교'란 인간의 행위가 아닌 전적인 그리스도의 은혜로 구원받을 수 있음을 지속적으로 인식하게 하는 설교이다. 흔히 사람들은 "이제 예수님을 영접하셨으니 거룩한 삶을 사셔야 합니다"라고 하면서 성화의 길을 설명한다.

그러나 켈러는 구원에서뿐만 아니라 성화에서도 하나님의 은혜를 강조한다. 켈러에게 성화는 칭의 사건을 지속해서 반복적으로 의식하는 것이다. 행동 변화의 동기도 역시 그리스도의 은혜를 인식할 때 가능한 것임을 강조한다. 켈러는 기독교와 다른 종교를 구별 짓는 특징을 은혜로 본다. 구원은 현대인들이 섬기는 우상에서 벗어나는 것이며, 그 유일한 방법은 그리스도의 십자가 사건을 믿는 것이다.

하나님께서 우리를 위해서 하신 가장 큰 일은 '예수 그리스도의 죽으심과 부활하심'을 통해서 구원의 길을 여신 것이다. 이것이 복음이다. 이 복음의 가장 큰 특징은 이것이 전적인 '은혜'라는 것이다. 여기에는 인간의 '공로'나 '자기 의'가 절대 포함될 수 없다. 켈러는 인간의 노력과 공로를 통해서 인정과 축복을 추구하는 신앙을 항상 짓밟아 버린다.

켈러는 율법적으로 자신의 노력을 통해 하나님의 인정을 얻고자 하는 것을 종교 행위로 규정하고 늘 경계한다. 반면에 그는 지겹도록 '은혜,' '복음,' '그리스도의 십자가와 부활'을 강조한다. 그러나 역설적이게도 켈러가 '복음'과 '은혜' 강조하면 할수록 새로운 은혜가 그 청중 가운데 임하게 된다.

켈러는 하나님을 거부하는 도시 뉴욕 맨해튼에서 '자기 의,' '성공주의,' '물질주의,' '교만한 사상'으로 무장된 청중에 대항해서 치열하게 싸웠다.

> ^{4}우리의 싸우는 무기는 육신에 속한 것이 아니요 오직 어떤 견고한 진도 무너뜨리는 하나님의 능력이라 모든 이론을 무너뜨리며 ^{5}하나님 아는 것을 대적하여 높아진 것을 다 무너뜨리고 모든 생각을 사로잡아 그리스도에게 복종하게 하니(고후 10:4-5).

켈러는 이 싸움에서 어떻게 승리할 수 있었을까?

켈러의 비밀 무기는 무엇일까?

바울은 이 싸움에서 육신에 속한 것을 무기로 싸우지 않았다고 했다. 바울은 "하나님을 위해서 열심히 합시다. 행위를 통해서 인정받아야 합니다"라는 메시지를 가지고 싸우지 않았다. 바울의 무기는 "십자가에 못 박힌 그리스도"이시다(고전 1:23). 인간의 눈으로는 한없이 약해 보이는 십자가의 은혜가 세상의 모든 사상을 다 무너뜨릴 수 있는 하나님의 능력이다.

켈러 역시 예수 그리스도를 통한 '복음,' '은혜'를 줄기차게 강조했다. **변증 설교자 켈러가 가진 비밀 무기는 그리스도를 통해서 드러난 '복음'과 '은혜'이다. 켈러는 복음이 삶의 전 영역에서 작동하도록 지속적으로 설교했다.**

복음이 삶의 전 영역에서 작동하는 설교란 청중이 설교를 듣고 감동을 받았다는 의미이다. 설교를 통해 감동받는다는 의미는 청중의 정서, 감정,

지식, 생각, 행동, 언어 등 모든 부분에 복음의 메세지가 강력한 영향을 준다는 의미이다.

켈러는 복음이 모든 것을 변화시킨다고 하면서 다음과 같이 말한다.

> 복음은 그리스도인의 삶의 초급 과정이 아니라 시작부터 완성까지 관통하는 것이다. 복음은 비신자에게 필요한 것이고 신자들은 복음 이상의 성경 원칙을 따라 살아가는 것이라 보는 것은 부정확한 견해이다. 복음을 믿음으로써 구원을 얻고, 살아가는 동안 복음을 점점 더 깊이 믿음으로써 우리의 마음과 감정과 인생의 모든 국면이 변화된다는 것이 더 정확한 견해이다 (롬 12:1-2; 빌 1:6).[4]

지구상에서 '자기 의'와 '자기 공로'로 가장 충만했던 맨해튼의 청중은 켈러가 전하는 '복음'과 '은혜'의 메세지를 듣고 당황하기 시작했다. 세속적 메세지와는 전혀 차원이 다른 이야기이기 때문이다. **'내가 주님을 위해서 한 일'이 아니라 '주님께서 나를 위해서 하신 일'을 통해서만 구원받는 것이다.**

이 '복음'과 '은혜'의 메세지를 듣자 철옹성과 같은 청중의 마음이 무너져 내렸다. 청중이 회개하고 예수님 앞에 엎드려 경배하게 되었다. 켈러의 변증 설교를 "21세기 자료들을 얼마나 잘 사용하는가?"라는 의미로 오해하지 않기를 바란다. 그것은 준비 작업일 뿐이다. 21세기 자료들을 사용해서 그가 진정으로 드러낸 것은 그리스도를 통한 '복음'과 '은혜'이였다. 그는 21세기 그 어떤 설교자보다 그리스도를 통한 '복음'과 '은혜'을 가장 강력하고 탁월하게 선포했다.

세속적 가치가 아무리 강력하고 매력적이어도 '예수 그리스도의 복음과

---

4 팀 켈러, 『센터처지』, 109.

은혜' 앞에서는 무기력해질 수밖에 없다. '복음'은 '모든 믿는 자들에게 구원을 주시는 하나님의 능력'이기 때문이다(롬 1:16; 고전 1:23-25).

필자가 켈러의 변증 설교를 분석하면서 내린 결론은 그의 설교가 그리스도를 통해 드러난 '복음'과 '은혜'를 강조하는 설교라는 것이다.

7) 복음과 종교를 구분하는 설교

켈러는 복음과 복음의 결과를 구분한다. 복음은 예수님이 우리를 위해서 한 일이다. 복음의 결과는 우리가 주님을 위해서 한 일이다. 켈러는 항상 '신자는 주님께서 우리를 위해서 한 일을 붙잡아야 한다'는 설교를 하면서 내가 한 일을 강조하는 신앙생활을 경계한다. 그 이유는 복음이 희석되고 약화된 채 복음의 결과에만 집중할 수 있기 때문이다. 복음의 동기가 약화되거나 고갈된 채 복음의 결과에 집중하게 되면 복음이 없는 종교인이 될 수 있음을 늘 경고한다.

종교인이란 내가 주님을 위해서 행한 것이 내 의와 자랑이 되는 신앙생활을 하는 신자들이다. 종교인은 다른 사람과 자신을 비교하면서 더 의로움을 자랑하는 바리새인과 같은 자들이다(눅 18:9-14). 종교인은 내가 행한 것을 자랑스러워하면서 하나님과 사람 앞에서 인정받으려는 사람들이다. **켈러가 말하는 인간의 노력이란 내 열심으로 하나님을 위해서 무엇을 하고자 하는 노력이 아니다. 켈러가 말하는 인간의 노력이란 열심히 복음 안에 머물러 있는 노력이다.**

켈러는 인간이 행한 일들을 가지고 하나님과 사람들에게 인정받기 위해서 열심히 노력하는 것을 끊임없이 거부하는 노력을 해야 한다고 강조한다. 신자는 나의 공로가 아니라 그리스도의 공로 때문에 값없이 구원받고 사랑받는 존재가 된 것을 전인격적으로 믿게 될 때, 회심이 일어난다. 회심이란 삶의 방식의 변화이다. 그 결과로 신자의 내면에는 복음과 은혜에 기초한 순종, 헌신, 섬김이 나타나게 된다. 이것은 종교적인 강요에 의한 것이 아니라 은혜와 복음이 동기가 되는 순종과 헌신이다.

8) 상대주의[5] 방법 사용

켈러의 변증 설교는 뉴욕의 문화를 주해하는 설교이다. 켈러는 성경 본문만 역사적, 문법적, 문학적으로 연구하는 것이 아니라, 21세 문화를 성경 본문에 기준하여 역사적, 문화적, 문학적으로 분석한다. 문화를 분석하기 위해서 21세기 문화를 이끌어 가는 가치(Values)를 설교에서 자주 소개한다. 세속적 문화를 이끌어 가는 가치들을 소개하고 그것들이 갖는 한계를 보여 준 후, 어떻게 말씀과 그리스도를 통해 그 한계를 극복할 수 있는지 해답을 제시하는 설교이다.

켈러는 상대주의자가 상대를 인정하지 않는 모순을 지적한다(Relativism always eats itself). 상대주의자들이 가진 한계는 그들이 가진 상대주의 가치를 상대방에게 절대적 가치로 강요하는 자기 모순을 갖는다는 점이다.

켈러는 2017년 4월 프린스턴신학교 카이퍼센터(Kuyper Center)에서 아브라함카이퍼상(Abraham Kuyper Prize) 수상과 함께 컨퍼런스 주제 강의를 제의 받았다. 이런 뉴스가 나가자 프린스턴신학교 학생들과 동문들은, 켈러가 소

---

[5] 우리가 알고 있는 모든 것은 주관적이며 상대적이기 때문에 객관적이며 절대적으로 접근할 수 있는 진리가 존재하지 않는다. 문화 상대주의(Culture Relativism)는 모든 문화는 각자가 옳고 그름을 결정할 수 있다는 상대적 도덕 가치를 수용한다. 모든 문화는 각자의 도덕 기준을 가지고 있으며, 다른 문화의 기준으로 다른 문화에 대해서 옳고 그름을 판단할 수 없다는 입장이다. Hanreich, H. "Relativism," In *The encyclopedia of Christianity*, vol. 4. eds. E. Fahlbusch, J. M. Lochman and others (Grand Rapids: Wm. B. Eerdmans, 2005), 563.

속된 PCA(The Presbyterian Church in America) 교단은 여성과 LGBTQ[6]에게 안수를 주지 않기 때문에 그가 카이퍼상을 수여하는 것에 반대했다. 프린스턴신학교는 PCUSA(Presbyterian Church USA) 교단 소속 신학교로서 2014년 동성 결혼을 교단법으로 인정했기 때문이다.

프린스턴신학교 동문인 여성 목회자 트레이시 스미스(Traci Smith)는 다음과 같이 말했다.

> 신학교는 남성과 여성을 사역자로 훈련하는 곳입니다.
> 학생의 절반은 교회를 지도하는 일에 관여하지 못한다고 믿는 목회자에게 이런 상을 주어야 합니까?
> 그것은 모욕입니다(It's offensive). 저는 4, 5살 아이를 키우는 부모로서 그것은 '제 마음에 상처가 됩니다'(It hurts my feelings).[7]

프린스턴신학교 총장인 크레이그 버니스(M. Craig Barnes)는 켈러와의 몇 차례의 대화 후에 켈러에게 레슬리 뉴비긴(Lesslie Newbigin) 강의를 부탁하고, 아브라함카이퍼상을 수여하는 것은 취소했다. 수상은 취소했지만, 강의는 하기로 하자, 이에 반대하는 사람들이 또 있었다.

프린스턴신학교와 학생 사이에서 동성애와 여성 안수를 인정하지 않는 팀 켈러의 강연에 반대하는 여론은 식지 않았다. 켈러는 평소 그가 설교하던 논지와 같이 상대주의자들의 반대를 상대주의로 해결했다.

프린스턴신학교는 학생회 단체들의 "Preaching In" 행사를 채플실에서 할 수 있도록 했다. 이 행사에서는 여성, LGBTQ, 그리고 설교자의 강연을 들

---

[6] LGBTQ는 Lesbian, Gay, Bisexual Transgender and Questioning의 이니셜이다. Q는 성 정체성에 대해서 여전히 질문을 갖고 있는 사람들을 뜻한다.

[7] Julia Baird, "Is Your Pastor Sexist?" *The New York Time*, 2017.4.19.

을 수 있었다. 학생회의 초청을 받은 켈러는 600명에게 강의할 수 있었고, 2시간 동안 인사 및 교제도 나눌 수 있었다. 반대 단체들의 피켓 시위나 논란이 되는 사건들은 전혀 발생하지 않았다.[8]

프린스턴신학교는 켈러를 강연에 초정하기 위해 상대주의 방법을 사용했다. 모든 목소리를 들을 수 있는 "Preaching In" 행사를 등록하고, 그 행사에서 켈러를 초청하게 해서 '여성 목사 안수'를 반대하는 목회자의 의견을 들을 수 있도록 했다. 이 사건은 상대주의자가 주장하는 논리를 사용해서 켈러가 가지고 있는 신학적 입장을 소개한 예가 될 수 있다.

켈러는 '배타성'에 대해 설교하면서 상대주의자들의 모순을 아래와 같이 지적했다.

> 뉴비긴은 "모든 종교가 동등하다"라는 주장이 얼마나 교만하고 제국주의적 사고인가를 비판합다…. "어떤 종교도 영적 최고의 우월성을 가질 수 없다"라는 주장 자체는 이미 최고의 우월성을 가진 주장입니다.
> "어떤 사람도 다른 사람을 종교적 회심을 시키기 위해서 노력하면 안 된다"라는 주장도 종교적 믿음입니다. 이것은 자신의 종교적인 믿음으로 다른 사람을 회심시키려는 시도인데, 이는 다른 사람에게 자신의 종교를 강요하지 말라는 자신의 주장을 어기고 있는 것입니다.[9]

9) 문화를 강화하고 본문을 약화시키는 설교

켈러는 탁월한 강해 설교자이다. 그는 본문에 근거한 진리를 21세기 문화

---

[8] Faith Matters by M. Carig Barnes, "Lessons form the Keller controversy," *Christian Century*, 1 April, 2017.

[9] Tim Keller, "Exclusivity: How Can There Be Just One True Religion?" 2006.9.24.

의 옷을 입혀서 설교한다. 그러나 필자가 분석한 15편의 설교들은 주제 설교에 가까워서 그랬는지 본문에 대한 충분한 설명이 부족했다. 이 부분이 아쉽다. 대주제와 소주제들이 본문에 근거하고 있는 경우가 많지만, 본문에서 어떻게 그 주제가 나오게 되는지 청중에게 이해시키는 과정이 더 포함되어야 한다.

설교자는 성경 본문을 통해서 하나님이 말씀하신다는 확신을 가지고 본문과 씨름하고 본문을 충분히 설교해야 한다. 설교자는 청중에게 하나님의 말씀을 전하기 위해 부름을 받은 자이다. 설교는 하나님의 말씀을 오늘날의 청중에게 성령의 능력으로 전달하는 것이다. 설교자는 설교하면서 계속 성경 본문으로 돌아와야 한다. 본문이 이끄는 설교는 성경 본문을 입체적으로 청중에게 드러내 보여 주는 것이다.

이를 위해서 본문의 역사적, 문학적, 신학적 의미를 충분히 설명해야 한다. 본문의 배경을 설명하는 작업이 청중에게 지루하게 느껴질 수 있다. 그러나 설교가 하나님의 말씀을 선포하는 것이라는 분명한 설교철학이 있다면, 본문을 입체적으로 청중에게 설명하는 작업을 포함시키는 설교를 해야 한다.

10) 심판을 약화시키는 설교

필자는 켈러의 15편 설교 가운데 '지옥'에 관한 설교 분석을 했다. 켈러는 이 설교에서 성경 본문이 말하는 '지옥'에 대해 충분히 설명하지 않는다. 오히려 지옥을 상징적으로 우회적으로 설명한다. 켈러는 이 땅에서 죄를 가진 사람이 영원히 존재하게 되면, 자동적으로 지옥이 만들어진다고 설교한다.

이러한 설명은 성경에 나타난 지옥에 대한 충분한 설명 후, 그 적용점으로 좋을 것이다. 하지만 본문에 대한 충분한 설명 없이 단순히 지옥 불이 인간 내면의 죄와 욕심, 자기 중심성으로 설명하는 것은 성경의 권위를 존중하는 설교는 아니다. 예수님은 지옥을 죄인들이 심판의 결과와 형벌로 가는 곳이라고 하셨다. 그곳은 영원히 불타는 곳이다(마 5:22, 29, 30; 10:28; 18:9; 23:5, 33).

> 또 왼편에 있는 자들에게 이르시되 저주를 받은 자들아 나를 떠나 마귀와 그 사자들을 위하여 예비된 영원한 불에 들어가라(마 25:41).

포스트모던 세대에게 이해되는 개념으로 설명하고자 성경을 지나치게 문화적, 상징적, 우회적으로 해석하는 것은 조심해야 한다. 성경의 하나님은 죄인들을 지옥으로 보내시는 분이시다. 이러한 하나님은 비록 거부감을 느끼게 하여도 진리이다.

켈러는 '나사로와 부자' 본문을 설교하면서 하나님은 지옥에 있는 사람들을 경멸하지 않는다는 설교를 다음과 같이 한다.

> 오늘 본문에서 지옥은 하나님의 폭력에 의해서 강요되는 곳이 아님을 알 수 있습니다.
>
> 아브라함이 이르되 얘 너는 살았을 때에 좋은 것을 받았고…(눅 16:25).
>
> 아브라함은 지옥에 있는 부자를 부를 때, "악한 죄인아, 지옥으로 가라. 멍청한 부자야!"라고 부르지 않습니다.
> 뭐라고 부릅니까?
> "아들아!"(Son, 테크논[*Teknon*]; 우리말 성경에는 "얘"로 번역되어 있다).
> 누가복음 16:25에서 애통하는 마음을 볼 수 있습니다.

슬픔을 볼 수 있습니다.[10]

아브라함이 부자를 '얘'(Son)로 부르신 것이 그를 측은히 여기고 불쌍히 여겨서라는 해석은 성경을 역사적, 문법적, 문학적으로 바르게 해석한 것이라고 보기 어렵다. ESV 스터디 바이블은 '얘'와 관련하여, 부자가 비록 육신적으로는 아브라함의 후손일 수는 있지만 영적으로 진정한 아브라함의 자녀가 아니라고 해설한다.[11] 로버트 스테인(Robert H. Stein)도 '부자'를 영적 아브라함의 자손으로 보지 않고, "하나님의 진노를 받아야 할 자"라고 했다.[12]

대럴 벅(Darrell L. Bock)은 '부자와 나사로'가 비록 비유 형식으로 기록되었지만 본문 전체를 통해서 주는 확실한 메시지는 "죽음 이후에 심판과 형벌이 실재하며, 그 형벌은 영원한 고통이며 돌이킬 수 없으며, 이러한 메시지는 성경에서 가장 비극적이며 심각한 메시지이다"라고 했다.[13]

본문을 종합적으로 해석하면, '얘'를 근거로 '하나님은 지옥에 있는 사람도 불쌍히 여기신다'라기보다는 하나님은 지옥에서 죄인을 영원히 극심한 고통을 당하게 심판하신다. 그 고통은 중단되거나 감소할 수 없음을 보여 준다.

11) 대중적이면서 대중적이지 못한 설교

예수님의 설교는 이해하기 쉽다. 예수님의 예화는 갈릴리 시골 동네 사람들도 이해할 수 있다. 예수님의 예화 재료는 공중의 새와 들의 꽃이다.

---

[10] 예수님은 지옥을 죄인들이 심판의 결과와 형벌로 가는 곳이라고 하셨다.
[11] Wayne Grudem and Thomas R. Schreiner, *Luke, The ESV Study Bible*, 1992.
[12] R. H. Stein, *Luke, New American Commentary*, Vol. 24, 425.
[13] D. L. Bock, *Luke, The NIV Application Commentary*, 435.

반면의 켈러의 설교에 등장하는 예화들은 이해하기 어렵다. 그가 21세기 청중이 사용하는 자료들인 신문, 잡지, 역사, 문학, 철학, 그리고 심리학 자료들을 사용하는 것은 좋지만, 그 내용을 이해하기 어려울 때가 많다.

켈러는 21세기 맨해튼 청중에게 맞는 설교를 했다. 대도시에 살면서 교육 수준이 높은 청중들에게는 설득력 있는 대중적인 설교를 했다. 그러나 소도시나 고등 교육을 제대로 받지 못한 분들에게는 어려운 설교가 될 수 있다. 이런 차원에서 켈러의 설교는 대중적이지만 대중적이지 못한 설교이다. 하나님의 말씀은 모든 세대, 모든 계층의 사람들이 쉽게 이해할 수 있는 언어로 선포해야 한다.

최근 한국에서 켈러의 책들이 인기를 끌고 있는 이유 중 하나는 한국에 목회자들과 성도들의 교육 수준이 높고, 지적 욕구가 강하기 때문이라고 생각한다. 켈러의 설교와 책은 뉴욕에 맨해튼 청중에게 최적화된 설교이다. 그러나 켈러의 설교가 지방 소도시에 있는 청중들과 교육 수준이 낮은 사람들에게 맞는지에 대해서는 의문이 든다.

그러므로 설교자는 켈러가 사용한 자료들을 무분별하게 사용하는 것은 지양해야 한다. 켈러도 자신의 설교를 똑같이 따라하거나 리디머교회의 사역을 마치 부흥의 보증수표처럼 무비판적으로 따라 하지 말라고 경고했다. 설교자는 자신의 지역 청중의 문화를 분석하여 그들에게 맞는 독특한 사역과 메세지를 만들어내야 한다.

켈러는 'City to City' 사역을 통해서 현재까지 70개 도시에 495개 교회들을 개척하는 사역을 돕고 있다.[14] 교회를 개척하면서 진리의 복음은 변하지 않아야 하지만 세계 각 도시마다 그 문화가 다르기 때문에, 결과적으로 뉴욕 리디머교회의 복제판 교회들이 개척되는 것이 아니라 각 지역에 맞는

---

[14] https://www.redeemercitytocity.com. 2019년 5월 접속.

새로운 교회들이 개척되어야 함을 강조하며 다음과 같이 말했다.[15]

> 우리는 리디머교회의 복제 교회들을 만드는 데는 전혀 관심이 없다. 왜냐하면 모든 도시들, 모든 지역 사외들이 다르다는 것을 잘 알기 때문이다. 우리는 도시마다 각기 다른 사람들에게 다가가기 위해서 각기 다른 종류의 교회들이 필요하다고 믿었다. 교회 개척자들은 지곤 사역을 복제하는 것이 아니라 새로운 사역을 창조해야 한다.

설교자는 자신의 청중이 누구인가를 알고 켈러가 사용했던 자료들을 참고하여 자신의 언어와 개념으로 소화하여 이해하기 쉽게 설교해야 한다. 기독교 변증이 기독교 철학과 어려운 지식들을 통해서만 가능하다는 생각은 옳지 않다.

베드로 사도는 "소망에 관한 이유를 묻는 자에게는 대답할 것을 항상 준비하되"(벧 3:15)라고 했는데, 이 문장은 명령형으로 모든 신자들이 질문에 대답하는 변증을 해야 한다는 뜻이다. 이것은 모든 신자들이 다 기독교철학과 변증학을 배우라는 의미가 아니다. 자신이 믿는 믿음의 내용과 이유를 자신의 언어로 누구에게나 자신감 있게 나눌 수 있는 그리스도인이 되라는 의미이다. 이것은 교육 수준의 문제가 아니라 거듭난 신자가 자신의 믿음을 확신할 수 있는가에 문제이다.

비록 시골에서 초등학교 교육도 받지 못한 어르신도, 얼마든지 자신이 경험하고 믿고 신뢰하는 예수 그리스도를 대담하게 그리고 검손하게 전할 수 있다. 설교자는 청중의 문화와 상황에 맞게 설교해야 하는 동시에 대중적으로 쉽게 이해할 수 있는 메시지를 전해야 함을 고려하며 메세지를 준비해야 한다.

---

[15] 팀 켈러, 『센터처지』, 32.

12) 상업성

켈러는 그의 설교를 웹사이트에서 판매한다. 2017년 6월 25일까지 그가 했던 모든 설교(1,550편 이상)를 한 묶음으로 판매하는데, 그 가격은 1,600달러이다.[16] 상업주의를 비판하고 오직 하나님의 은혜만을 강조한 켈러 목사가 그의 설교를 고가에 판매하고 있다. 켈러의 메시지는 상업적이지 않다. 그러나 그가 설교를 판매하는 것은 상업적으로 보인다.

켈러는 뉴욕 맨해튼에 있으면서 서구의 개인주의, 소비주의 문화에 영향을 받았다. 그가 설교를 준비하기 위해서 얼마나 수고하고 헌신했는지는 상상이 된다. 그 가치는 돈으로 환산할 수 없을 것이다. 그럼에도 불구하고 한 지역 교회의 목회자가 그 교회 회중에게 설교했던 음성 파일과 영상을 모아서 고가에 판매한다는 것에는 몇 가지 문제가 있다.

그의 설교는 회중과 함께 예배 가운데 나온 산물이다. 켈러의 목소리가 담긴 설교의 음성 파일이나 예배 영상은 켈러 혼자서는 만들 수 없다. 설교자는 자신의 설교 원고를 편집하여 책으로 출판할 수 있다. 그러나 혼자서 주일 설교 영상이나 음성을 만들기는 힘들다. 주일 설교 음성과 영상을 만들기 위해서는 주일 예배를 드리는 회중이 있어야 한다. 교회의 장비와 기술적 지원이 필요하다. 그가 했던 설교들을 묶어서 고가로 판매하는 것은 은혜의 방식이 아니라 세상의 방식으로 보인다.

---

[16] 켈러의 설교는 온라인에서 판매 중이다. 무료로 다운받을 수 있는 설교도 있지만 대부분의 설교는 돈을 주고 구입해야 한다. https://gospelinlife.com/downloads/timothy-keller-mp3-sermon-archive/

13) 십자가의 고통과 삼위일체 본성에 대한 신학적 균형 필요

켈러는 그리스도의 십자가를 모든 문제의 해결책으로 제시한다. 청중이 어떤 문제를 가지고 있든지, 그 문제에 대한 실제적 해답으로 십자가에서 고통당하신 그리스도를 제시한다. 켈러는 "십자가의 그리스도가 해답이 되는 설교"에서 이 부분을 설명했다.

켈러는 성자 그리스도가 성부 하나님과 십자가에서 완전히 끊어지고 단절되었다고 줄기차게 설교한다. 성자 예수님이 십자가에서 고통받은 것을 설명하는 것은 맞지만, 삼위일체 본성적 측면에서 예수님은 성부 하나님과 단절되실 수 없는 분이다. 켈러는 십자가에서 성자 예수님이 성부 하나님의 사랑에서 단절되고 고뇌를 경험했다고 아래와 같이 설교한다.

> 예수님은 십자가에서 버림을 당하셨습니다.
>
> 나의 하나님, 나의 하나님 어찌하여 나를 버리시나이까(막 15:34).
>
> 사랑하는 친구를 잃으면 많이 아픕니다. 배우자를 잃으면 더욱 아픕니다. 더 깊은 가까운 사이일수록 그 상실감은 더 커지게 됩니다. 십자가에서 예수님이 잃어버린 자 되었을 때, 아들이 영원하신 아버지의 사랑과 단절되었을 때, 아들은 고뇌를 경험했습니다.

성자 예수님은 인간의 대속을 위해서 자발적 선택에 의해 고통받으신 것이다. 인간의 죄를 대속하는 측면에서 성자 예수님은 성부 하나님과 분리되셨다. 그러나 그 고통이 그리스도와 성부 하나님의 연합과 사랑을 분리하지 못한다는 하나님의 속성에 대해서도 균형 있게 설명해야 한다.

성자 예수님이 십자가에서 당한 고통은 그가 죄가 있어서도 아니며, 무능력해서도 아니다. 성자 예수님은 "근본 하나님의 본체"(빌 2:6)이셨고, 성자 예수님이 십자가에서에서 받으신 고통은 성부 하나님의 구원을 이루기 위한 자발적, 순종적, 선택적 고통이였다.

> 사람의 모양으로 나타나사 자기를 낮추시고 죽기까지 복종하였으니 곧 십자가에 죽으심이라(빌 2:8).

성자 예수님은 십자가에서 '죽기까지 복종' 하심으로 죽으셨다. 이는 성자 예수님이 여전히 성부 하나님과 본성적으로 연합과 사랑 가운데 계심을 보여 준다. 바울은 "그의 죽으심을 본받아"(빌 3:10)라고 말한다. 바울은 '그의 죽으심을 본받기' 원한다고 고백한다. 이는 성자 예수님과 성부 하나님 사이에 있는, 죽음도 갈라놓을 수 없는 '복종과 사랑'을 본받기 원한다는 표현이다.

바울이 예수님의 십자가의 죽으심을 본받는다는 표현은 켈러가 강조하는 십자가에서 완전히 하나님과 단절되고 끊어짐을 의미하는 것이 아니다. 오히려 성자 예수님이 성부 하나님과 영원히 분리되지 않는 순종과 연합을 본받는 것이다.

> 나를 따라 오려거든 자기 십자가를 지고 따라오라(마 16:24).

이 명령은 십자가의 단절을 의미하는 것은 아니다. 오히려 십자가의 연합을 강조하신 말씀이다. 속죄론적 측면에서 성자 예수님이 성부 하나님과 완전히 분리되심으로 우리의 죄의 문제가 해결되었음을 설교하는 것은 탁월하지만, 동시에 삼위일체 본성적 측면에서 십자가에서조차 분리될 수 없는 본질적 신성에 대해서도 신학적 설명이 요청된다.

결론

이 책을 통해서 한국에도 팀 켈러와 같은 변증 설교자와 평신도 리더가 많이 나오기를 바란다. 필자는 설교를 다음의 세 가지로 정의한다.

① 오늘의 청중(에게).
② 하나님의 말씀(을).
③ 성령의 능력으로 전달하고 선포하는 것(이다).

위 세 가지를 기준으로 켈러의 설교를 평가하면서 글을 마무리하고자 한다.

1. 오늘의 청중

켈러가 탁월한 부분은 오늘의 청중에게 하나님의 말씀을 효과적으로 전달한다는 점이다. 사도행전에 나타나는 베드로, 스데반, 바울의 변증 설교들도 청중에 따라서 '복음'을 전하는 자료들을 달리했다. 유대인 청중과 이방인 청중에게 동일한 '복음'을 전했지만 사용한 자료들은 달랐다. 설교자는 21세기 청중을 알아야 한다. 자신의 설교를 듣는 청중을 알아야 한다. 도시이던 시골이던지 설교자는 청중이 무슨 생각을 하고 어떤 문제가 있으며 어떤 이야기들을 신뢰하는지를 간파하고 있어야 한다.

설교자들이 켈러에게 배워야 할 점은, 그가 21세기 청중이 가진 가치와 문화들을 다른 어떤 목회자보다 잘 파악하고 있다는 점이다. 켈러는 패션 잡지를 읽고, 기독교 진리에 비판적인 시사 매체들을 읽는다. 철학자들과 사상가들의 책을 연구한다. 이러한 자료들을 복음을 기준으로 스캐닝한다. 성경 진리의 안경을 쓰고 읽는다. 이를 통해 청중이 공감할 수 있는 자료들을 확보한다.

켈러는 먼저 21세기 청중의 가치를 긍정한 후, 동일한 가치 안에서 모순점을 지적한다. 청중은 켈러가 그들의 가치를 긍정하고 인정할 때 귀를 열게 된다. 그들의 가치 논리를 사용하여 한계점을 지적할 때 청중은 그들의 부족함을 자각한다. 그 대안으로 그리스도를 제시할 때 청중은 복음으로 압박을 받게 된다. 청중의 입장을 충분히 이해 한 후, 그들이 문제점을 함께 확인하고 그 유일한 대안으로 복음을 선포할 때 청중은 복음에 반응하기 시작한다.

2. 하나님의 말씀

켈러는 '하나님의 말씀'인 본문 연구와 주해도 탁월하다. 켈러의 본문 주해는 깊다. 필자가 분석한 15편의 설교는 주제 시리즈 설교였다. 주제 설교를 할 때에는 여러 성경 본문들을 자유롭게 사용하며, 주제를 설명하기 위해 성경 이외에 자료들을 사용한다. 그러나 켈러는 지난 28년간 강단에서 주제 설교보다 강해 설교에 더 충실한 목회자였다.

강해 설교를 할 때는 그는 본문 자체를 설명하는 과정을 설교 시간에 충분히 포함시킨다. 이는 설교가 '하나님의 말씀' 그 자체를 전달하는 것이라는 설교철학이 있기 때문이라고 생각한다. 켈러는 하나님의 말씀에 대한 역사적, 문법적, 문학적, 신학적 해석 작업에 충실한 목회자이다.

3. 성령의 능력

켈러에게 '성령의 능력'은 무엇일까?

본문에서 그리스도를 드러내는 것이다. 필자는 켈러 설교 중 가장 강력한 부분이 '성령의 능력' 부분이라고 생각한다. 성령의 능력 때문에 켈러는 줄기차게 '복음'과 '은혜'를 강조할 수 있었다.

역사상 가장 성령 충만한 설교였던 베드로의 오순절 설교가 이것을 뒷받침한다. 베드로는 오순절 성령의 충만하심을 받고 설교했다. 그는 요엘 2:28-32; 시편 16:8-10; 110:1을 인용했다. 이런 구약성경에 예언된 메시야가 바로 그리스도임을 드러냈다.

> 그런즉 이스라엘 온 집은 확실히 알지니 너희가 십자가에 못 박은 이 예수를 하나님이 주와 그리스도가 되게 하였느니라(행 2:36).

베드로가 경건한 유대인들이 가장 권위를 두는 구약 말씀을 통해서 예수가 주와 그리스도 되신 것을 드러내고 선포했을 때, 성령께서 청중의 마음을 터치하셨다. 청중은 마음에 찔림을 받았다(행 2:37). 설교자가 본문에서 그리스도를 명확하고 확실하게 드러내자 청중은 회개했다. 이것은 성령의 능력으로 가능한 일이다. 예수님은 성령님의 사역에 대해서 미리 제자들에게 말씀해 주셨다.

> 내가 아버지께로부터 너희에게 보낼 보혜사 곧 아버지께로부터 나오시는 진리의 성령이 오실 때에 그가 나를 증언하실 것이요(요 15:26).

> 그가 내 영광을 나타내리니 내 것을 가지고 너희에게 알리시겠음이라 (요 16:14).

성령님은 '그리스도를 증언'하시는 사역을 하신다. 성령님은 '예수님의 것'을 제자들에게 알게 하신다. 성령님은 '예수님의 영광'을 나타내신다. 성령님의 사역 중 방언, 예언, 기적, 능력 행함은 부수적인 사역이다. 그러한 사역을 통해서 성령님이 나타내고자 하시는 것은 오직 그리스도이시다. 성령님의 능력이 나타나는 곳에는 반드시 예수 그리스도가 밝히 드러난다.

성령님이 임하시면 반드시 예수 그리스도의 죽으심과 부활하심이 강조된다. 설교자가 '성령의 능력'으로 메시지를 전달하고 선포하면 본문에서 그리스도의 십자가와 부활이 눈부시게 드러난다. 켈러는 그의 설교 마지막 부분에서 청중의 현재의 문제를 해결할 수 있는 유일한 분이 십자가의 그리스도, 부활하신 그리스도이심을 강력하게 선포한다. 이것은 '성령의 능력'으로 '하나님의 말씀'을 전달하기 때문에 가능한 것이다.

성경 본문에서 그리스도가 드러난다는 의미는 삼위일체 하나님 가운데 성자 예수님만이 드러난다는 의미는 아니다. 예수님을 통한 구원이 드러나기 위해서는 그 구원을 계획하신 성부 하나님의 은혜가 드러나지 않을 수 없다. 이 넓고 방대한 은혜는 모든 구약성경에서 발견된다. 그 하나님의 은혜를 깨달을 때만 그리스도가 드러날 수 있다.

성부 하나님의 구원 계획과 성자 예수님이 성취하신 구원을 믿게 하시는 분은 성령님이시다. 그 누구도 성령님의 조명하신 없이 하나님의 구원 계획과 예수님을 통해서 성취된 구원을 깨닫거나 믿을 수 없다(고전 12:3). 오직 성령님을 통해서 구원자 예수님을 밝히 볼 수 있다.

그러므로 구원을 계획하신 성부 하나님과 그 구원 계획을 성취하신 성자 예수님 그리고 그 계획을 밝히 알고 믿을 수 있도록 도우시는 성령 하나님이 설교 가운데 드러날 때만이 그리스도 중심적인 설교가 가능하다. 결국 그리스도 중심적 설교란 구원의 관점에서 삼위일체 하나님을 드러내는 설교이다.

필자가 성도들에게 '섬김,' '희생,' '봉사'를 강조하는 설교를 했던 때가 있다. 성도들이 '왜 섬겨야 하는가,' '어떻게 섬겨야 하는가,' '섬길 때 어떤 유익이 있는가'에 대해서 지속적으로 설교했다. 그런데 그 설교를 통해서 청중이 기쁜 마음으로 섬기고 희생하기보다는 오히려 부담감을 느꼈다. 해야 하는데 하지 못하는 불편함이 가중되는 것을 느꼈다. 급기야 믿음이 연약한 청중은 교회를 떠나는 경우도 있었다. 물론 필자는 '복음'과 '은혜'를 분명히 설교했다. 하지만 그 메세지가 중심이 되지 못했던 것 같다.

설교자가 계속적으로 줄기차가 강조해야 하는 성경의 핵심 메세지는 무엇인가?

목회자와 평신도 리더들이 교회 사역을 하면서 계속적으로 그 마음에 채워야 하는 메세지는 무엇일까?

'어떻게 하면 교회를 부흥시킬 것인가?'

'어떻게 하면 하나님을 위해서 멋지게 사역을 잘 할 것인가?'

'어떻게 열매를 맺을 수 있는가?'

이러한 질문도 물론 중요한 질문일 것이다.

율법사가 예수님께 질문했다.

"성경에서 무엇이 가장 큰 계명입니까?"
이에 예수님은 대답하셨다.

> 예수께서 이르시되 네 마음(Heart)을 다하고 목숨(Soul)을 다하고 뜻(Mind)을 다하여 주 너의 하나님을 사랑하라 하셨으니 이것이 크고 첫째 되는 계명이요 (마 22:37-38).

예수님 말씀하신 '뜻'은 헬라어로 '디아노이아'(διάνοια)로 그 의미는 '논증'(Reasoning), '이해'(Understanding), '지식'(Intelligence), '사고의 능력'(The faculty of thinking)[1]이다.

우리가 이성을 사용해서, 지식을 연구해서, 사고의 능력을 최대한 사용해서 하나님을 사랑한다는 것은 무엇일까?

설교자와 평신도 리더들은 마음과 목숨과 뜻을 다해서 하나님을 사랑해야 한다.

언제 우리는 하나님을 가장 사랑할 수 있을까?

우리가 하나님을 위해서 대단한 일을 했을 때인가?

이런 경우 하나님보다 내가 드러나는 경우가 많다.

그러면 간절히 바라는 기도 응답을 받았을 때인가?

이런 경우 하나님께 너무 감사하고 좋을 것이다. 그러나 그 기쁨과 감사의 기간은 매우 짧다. 응답 받아야 할 다른 기도제목들이 있기 때문이다.

우리가 하나님을 가장 사랑할 수 있는 것은, 나같이 자격 없는 자를 사랑하시고 구원하여 주신 '복음'과 '은혜'가 우리의 마음에 충만히 채워질 때이다.

---

1   *A Greek-English lexicon of the New Testament and other early Christian literature*, Third Ed. (Chicago: University of Chicago Press), 234.

구원의 감격, 첫 사랑의 회복은 복음과 은혜를 통해서만 유지될 수 있다.
우리의 뜻을 다해서 하나님을 사랑하는 것은 이성과 지성과 사고의 능력을 최대한 사용해서 은혜와 복음을 묵상하고 설명하고 증거하는 것이다. 신자의 마음에 복음과 은혜가 충만하게 부어질 때 비로소 다른 사람들과도 그 복음과 은혜를 나눌 수 있게 된다. 그 은혜가 충만하게 부어질 때 교회를 섬기는 것이 기쁨과 감사의 동기가 될 수 있다.

'복음'과 '은혜.'

이것이 설교자가 선포해야 할 가장 큰 계명이다.

참고 문헌

1. 단행본

Akin, Daniel L. & Allen, David L. *Text Driven Preaching: God's Word at the Heart of Every Sermon*. Nashville: Academic B&H, 2010.

Anderson, Jr. Dea. *Ancient rhetorical theory and Paul. Rev. ed*. Netherlands: Peeters, 1999.

Augustine. On Christian Doctrine. *Trans. D. W. Robertson*. New York: The Bobbs-Merrill Company, 1958.

_____. *Preaching and Teaching according to S. Augustine. ed. the bishop of birmingham*. London: Oxford, 1907.

Calvin, John. *Institutes of the Christian religion. Trans. Henry Beveride. vol. 1*. Edinburgh: The Calvin Translation Society, 1846.

Chapell, Bryan. *Christ-Centered Preaching: Redeeming the Expository Sermon*. MI: baker Academic, 2nd ed. 2005.

Cicero. *De Oratore* III: *With an English. Trans. E. W Suttonm. vol. 3*. London: Harvard University Press, 1967.

Craig A. Loscalzo. *Apologetic Preaching: Proclaiming Christ to a Postmodern World*. Illinois: InterVarsity, 2000.

Dulles, Avery. *A History of Apologetics*. philadelphia: Westerminster press, 1999.

Edgar, William and Oliphint, K. Scott, Christian. *Apologetics Past and Present: A Primary Source Present, vol. 1*. wheaton: Crossway, 2012.

Feinberg, John S. *Can You Believe It's True?: Christian Apologetics in a Modern and Postmodern Era*. Wheaton: Crossway, 2013.

Haddon Robinson, *My Theology of Homiletics, The Art and Craft of Biblical Preaching: A Comprehensive Resource for Today's Communicators, eds. Haddon Robinson and Craig Brian Larson*. Grand Rapid: Zondervan, 2005.

Johnston, Graham. *Preaching to a Postmodern World: A Guide to Reaching Twenty-first Century Listeners*. Grand Rapid: Baker, 2001.

Kalas, J. Ellsworth. *Preaching in an Age of Distraction*. IL: InterVarsity, 2014.

Keller, Timothy. *Preaching: Communication Faith in an Age of Skepticsm*. New York: Viking, 2015.

_____. *Center Church*. Grand Rapids: Zondervan, 2012. 『센터처치』. 오종향 역. 서울: 두란노, 2016.

_____. *The reason for God: Belief in an Age of Skepticism.* New York: The Penguin Group, 2008.

_____. *The Gospel and the Supremacy of Christ in a Postmorden World. in The Supremacy of Christ in a Postmorden World,* ed. John Piper and Justin Taylor. Wheaton: Crossway, 2007.

_____. *Preaching and Pluralism" in The Art and Craft of Biblical Preaching.* ed. Haddon Robinson and Craig Larson. Grand Rapids: Zondervan, 2005.

_____. *Preaching Hell in a Tolerant Age in The Art and Craft of Biblical Preaching.* ed. Haddon Robinson and Craig Larson. Grand Rapids: Zondervan, 2005.

Kennedy, George A. *New Testament Interpretation Through Rhetorical Criticism.* Chapel Hill: University of North Carolina Press, 1984.

_____. *Classical Rhetoric and Its Christian and Secular Tradition from Ancient to Modern Times.* Chapel Hill: University of North Carolina Press, 1999.

Loscalzo, Craig A. *Apologetic Preaching: Proclaiming Christ to a Postmodern World.* IL: InterVarsity, 2000.

McGrath, Alister E. *Mere Apologetic: How to Help Seekers & Skeptics Find Faith.* Grand Rapids: Bakerbooks, 2012.

_____. *Christian Theology An Introduction.* ed. 3rd. Malden: Blackwell Publishers, 2011.

Mohler, R. Albert, Jr. *He is Not Silent: Preaching in a Postmodren World.* Chicago: Moody, 2008

Millard J, Erickson. *Postmodernizing the Faith: Evangelical Responses to the Challenges of Postmodernism.* Grand Rapids: Baker, 1998.

Moreland, J. P. *Love Your God with All Your Mind 15th anniversary repack: The Role of Reason in the Life of the Soul.* Springs: Navpress, 2013.

Newman, B. M. & Nida, E. A. *A handbook on the Acts of the Apostles.* New York: United Bible Societies, 1972.

Oliphint, K. Scott. *Covenantal Apologetics: Principles and Practice in Defense of Our Faith.* Wheaton: Crossway, 2013.

Phillips, Timothy R. and Okholm, Dennis L, ed. *Christian Apologetics in the Postmodern World.* Downers: IVP, 1995.

Penner, Myron B. *The End of Apologetics: Christian Witness in a Postmodern Context.* Grand Rapid: Baker Academic, 2013.

R. Albert Mohler Jr. *He is not Silent: Preaching in a Postmodren World.* Illinois: InterVarsity, 2000.

Robinson, Haddon W. *Biblical Preaching: The Development and Delivery of Expository Messages.* Grand Rapids: baker Academic, 3rd ed. 2014.

Robinson, Haddon and Brian, Larson Craig. *The Art and Craft of Biblical Preaching: A Comprehensive Resource for Today's Communicators.* Grand Rapid: Zondervan,

2005.

Roberts, A. and James Donaldson, eds. *The Apostolic Fathers with Justin Martyr and Irenaeus. vol. 1*. NY: Christian Literature Company, 1885.

Sproul, R. C and 2 other. *Classical Apologetics : a rational Defense of the Christian Faith and a Critique of Presuppositional Apologetics*. Grand Rapids, Zonvervan, 1984.

Quintilian. *The Institutio Oratoria of Quintilian: With an English tranlation by H. E. Butler vol. 4*. London: Harvard University Press, 1933.

2. 정기간행물

김나래, "팀 켈러가 말하는 '포스트모더니즘 시대, 7가지 설교원칙," 「국민일보」, 2018.3.55.

강수경, "교인들, 못 가게 하는 신천지로 '왜' 몰려가나," 「천지일보」, 2014.1.17.

조현, "젊은층 이탈로 '종교 인구' 비율 줄어," 「한겨레」, 2015.2.12.

권나라, "청년들이 교회 떠나는 6가지 이유," 「크리스천투데이」, 2011.10.4.

Charles E. Hill, "The Conspiracy Theory Of The Gospels," *Huffpost*, 18 Octerber, 2010.

Gary D. Myers, "$18.3M budget for NOBTS, new M.Div. track approved by trustees," *Baptist Press*, 20 Apr, 2005.

Faith Matters by M. Carig Barnes, "Lessons form the Keller controversy," *Christian Century*, April, 1 2017.

Gary D. Myers, "$18.3M budget for NOBTS, new M.Div. track approved by trustees," *Baptist Press*, 20 Apr, 2005.

Julia Baird, "Is Your Pastor Sexist?" *The New York Times*, 2017.4.19.

Keith Collier, "New apologetics degree approved at SWBTS," *Baptist Press*, 12 Apr, 2014.

Timothy Keller, "Preaching to the Secular Mind," *The Journal of Biblical Counseling* vol 14. Fall 1995.

Kurt Eichenwald, "The Bible: So Misunderstood It's a Sin," *Newsweek*, 23 December, 2014.

Lisa Miller, "The Smart Shepherd," *Newsweek*, 2 February, 2008.

Lillian Kwon, "Southern Baptists Step Up Christian Defense with Apologetics," *The Christian Post*, 26 Oct, 2007.

RuthAnne Irvin, "SBTS Adds apologetics doctorates," *Baptist Press*, 6 Mar, 2015. *Southwestern News*, 26 Oct, 2015.

3. 주석

Barnett, Paul. *The Second Epistle to the Corinthians, The New International Commentary on the New Testament*. Grand Rapids: William B. Eerdmans, 1997.

Bock, Darrell L. *Acts: Baker Exegetical Commentary on the New Testament*. Grand Rapids: Baker Academic, 2007.

____. *Luke, The NIV Application Commentary*. Grand Rapids: Zondervan, 1996.

Ciampa, Roy E. and Brian S. Rosner. *The First Letter to the Corinthians*. Grand Rapids: Willilam B. Eerdmans, 2010.

Garland, David E. *Exegetical Commentary on the New Testament, Ed. Cilnton E. Arnold*. Grand Rapids: Zondervan, 2003.

Hansen, G. Walter. *The Letter to the Philippians*. Grand Rapids: William B. Eerdmans, 2009.

Keener, Craig S. *The IVP Bible Background Commentary: New Testament*. Downers : IVP Academic, 1993.

Levinskaya, Irina. *The Book of Acts in Its First Century Setting Diaspora, vol. 5. Ed. Bruce W. Winter*. Grand Rapids: William B. Eerdmans, 1994.

Marshall, I Howard. *The Gospel of Luke: a Commentary on the Greek Text*. Grand Rapids: William B. Eerdmans, 1978.

____. *The Gospel of Luke: a commentary on the Greek text*. Exeter: Paternoster Press, 1978.

Morris, Leon. *The Epistle to the Romans, The Pillar New Testament Commentary*. Grand Rapids: William B. Eerdmans. 2012.

Peterson, David G. *The Acts of the Apostles, The Pillar New Testament Commentary*. Grand Rapids, William B. Eerdmans, 2009.

Polhill, John B. A*cts, The New American Commentary*. Nashville: Broadman & Holman Publishers, 1992.

R. H. Stein. *Luke, New American Commentary*. Nashville: B&H Publishers, 1992.

Rapske, Brian M. *The Book of Acts and Paul in Roman Custody, vol. 3*. Grand Rapids: William B. Eerdmans, 2004.

R. Schreiner, Thomas. *Roman Baker Exegetical Commentary on the New Testament, Gen. Editor, Moises Silva*. Grand Rapid: Baker Academic, 1998.

Stott, John. *A Defintion of Biblical Praching. The Art and Craft of Biblical Preaching: A Comprehensive Resource for Today's Communicators, eds. Haddon Robinson and Craig Brian Larson*. Grand Rapid: Zondervan, 2005.

Stein, Robert H. *Luke, New American Commentary, vol. 24*. Nashville: Broad.man & Holman Publishers, 1992.

Witherington III, Ben. *The Acts of the Apostles: A Socio-Rhetorical Commentary*. Grand Rapids: William B. Eerdmans, 1998.
Winter, Bruce W. and Andrew D. Clarke. *The Book of Acts in its Ancient Literary Setting*. Grand Rapids: William B. Eerdmans, 1993.

4. 사전

A. Evans, Craig and Stanley E. Porter, eds. *Dictionary of New Testament background: a compendium of contemporary biblical scholarship*. electronic ed. Downers: IVP. 2000.
Bauer, Walter and others., eds. W. *A Greek-English lexicon of the New Testament and other early Christian literature*. 3rd ed. Chicago: University of Chicago Press, 2000.
Cross, F. L. and E. A. Livingstone, eds. In *The Oxford dictionary of the Christian Church*. 3rd ed. Oxford: Oxford University Press, 2005.
Evans, C. A. & S. E. Porter, eds. *Dictionary of New Testament background: a compendium of contemporary biblical scholarship*. electronic ed. 2000.
Ferguson, S. B, & Packer, J. I., eds. In *New dictionary of theology*, electronic ed. Downers: IVP, 2000.
F. Hawthorne, Gerald and others, eds. *Dictionary of Paul and his letters: A Compendium of Contemporary Biblical Scholarship* The IVP Bible Dictionary Series, Downers Grove: IVP, 1993.
Kohlenberger III, John R. and others, eds. *The Exhaustive Concordance to the Greek New Testament*, Grand Rapid: Zondervan, 1995.
Martin, Ralph P. and Peter H. Davids, eds. *Dictionary of the later New Testament and its developments*. Downers Grove: IVP. 1993.
Stamps, D. L. Rhetoric In *Dictionary of New Testament background: A compendium of contemporary biblical scholarship*. Downers Grove: IVP. 2000.

5. 켈러의 설교 자료

https://gospelinlife.com/downloads/timothy-keller-mp3-sermon-archive/
Logs Bible Software, The Tim Keller Sermons Archives 2006, 2013, 2015.